日本
購屋置產
必備寶典

跟著律師到日本買房子

日本購屋流程大解析。

帶你熟悉買房步驟規則，教你讀懂房產專有名詞，從選擇仲介、搞懂稅務、清楚契約，讓你在日本購屋置產。

不論是自住、出租，都能輕鬆搞定！

黃昱毓 律師／著

仲井晃 律師／審定

薛欽峰律師的溫情推薦：
教你降低投資風險

　　遇到黃昱毓律師是在一次我擔任理事長期間隨同台北律師公會拜訪大阪律師公會交流的時候，那時對她是一位台灣律師，卻到日本律師事務所工作，感到非常敬佩。台灣律師能在日本律師事務所工作，除了語言能力外，我相信一定還有許多過人之處。因為台日兩國的法律制度雖然有相似的地方，但是畢竟因國情文化處境仍有諸多的不同，尤其在實務運作上，還是常常有難以理解之處。

　　近年來，台灣不動產市場起落之間變化不小，但相對而言日本不動產市場似乎沒有像台灣讓一般人民無力購買，也相對的制度健全及平穩。應該是很多國內民眾想要了解的一個投資市場。然而畢竟兩國法律制度，及不動產的投資因素仍有諸多的不同，也讓許多人望而生怯。

　　黃律師以律師的立場，去介紹現在投資日本不動產應該注意的事項，例如，如何選房、買房、用房、出租等，其中就相關涉及的法律事宜固然專業詳盡，但對於很多不動產實際操作的因素，也介紹的非常仔細及實用，像是對於不動產購入時的稅費，或是應該注意的程序文件，還有如何協助辦理的對象，又或者是發生糾紛時的訴訟流程等等，都有詳盡的舉例及說明。而且還特別附註法律常識，還有台日制度差異不同之處，讓讀者可以充分了解各種因素的原因及解決方式。更重要的是用語淺顯易懂，並不是艱深難懂的法律用語，相信對於想要了解日本不動產市場及制度的朋友們，應該是很好的參考工具書。

投資一定有風險，但是如果能夠事前深入了解做足準備，則風險發生的可能性就會降低不少。我相信讀者們如果詳細閱讀這本書，必能對於日本的不動產市場及制度有更深入的了解及評估，也可以比較台灣的不動產交易制度是否有需要改進的地方。因此我相信這本書的問世，不僅是對一般民眾有幫助，對從事不動產經紀仲介買賣等業務的朋友們，也能從中獲益不少。

　　之前知道黃律師出版過《小律師的逃亡日記》引起社會及法律界的廣大討論，現在看到黃律師出版這本書，更讓我敬佩她的多才多藝，以及對於事務的敏銳觀察度，當然她的法律專業程度是無需贅言的，衷心期待下次很快地再看到她的新作。

蔣欽峰

跟著我，到日本買房子！

這是一本寫給所有想在日本買房置產的人的書。

　　我是在 2012 年來到日本的。在日本生活很長的一段時間，最大的變化，就是詢問我法律問題的內容，從親朋好友們大小糾紛事故、生活法律常識，轉變為日本投資法律問題。我想是因為身在日本的緣故，能更直接的接觸這裡的事物，尤其法律是我的專長，那大家就會更信賴我想從我身上得到正確的資訊。

這是我寫這本書的契機。

　　為了正確回答問題，我參考很多的書籍，從日文書讀到中文書，發現沒有辦法在中文版的書上找到任何一本覺得很實用的書，一本真正能應用在購買日本不動產時，能一步一步的詳細說明所有步驟，提點應注意的細節，以及可以站在中立的立場，告知所有的風險與提供建議的書。因為目前為止所有的不動產投資書籍，都是不動產仲介業者所撰寫的，當然他們站在第一線專業度不容懷疑，但以希望推動日本不動產投資的角度出發，終究在危險揭露上會採取較保守的態度。這本書當然不是意圖來澆冷水，但以作為一位生活在日本的律師，我企圖寫一本更而完整且客觀的不動產投資工具書。

所以這是寫給一般人看得懂的書。

　　法律書一般都艱深難懂，但作為工具書如果還要如法律書般搬弄詞藻，就失去它應該要有的便利與功能。因此這本書我定義它是一本很淺顯易懂的入門

書，不單單只是文字的說明，還使用很多圖表跟重點標示，以及用清楚的並列或對比排版的方式，讓內容豐富卻更加容易閱讀。即使是一般人也能輕易在本書中找到重點，理解出正確的解答，並不會遺漏任何關鍵。

但這依然是一本能提供法律人參考的書。

　　做為律師能寫出一本法律參考書是一生榮耀（笑），我有幸能身在日本以天時地利人和之便，邀請日本辯護士仲井 晃律師參與，而撰寫了這一本書籍。雖然是一本入門工具書，仍會在法律面上用心琢磨，畢竟不動產買賣標的金額不低，相關規定複雜，不僅事前的規劃，事後的糾紛解決都跟法律規定息息相關。這般賭上專業的嘗試，竭盡了所有我對不動產法律知識的了解，希望閱讀這本書的人都能感受到用心。倘若尚有不足之處，也希望能與大家交流並請不吝指教。

　　也謝謝在撰寫過程中不吝提供專業資訊與資料的不動產領域前輩們，沒有他們的熱心，也不會有這一本書的誕生。

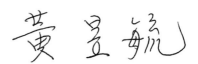

目錄

8   選房篇

想在日本投資不動產,最重要的就是要清楚想購買怎麼樣的房子。從房仲的選擇、閱讀售屋廣告開始入手。

38   買房篇

進入買賣交易的階段。究竟在日本買房與在台灣有何不同?教你讀懂所有流程和契約。

72 用房篇

考慮房子是要自己住、轉手賣出賺錢還是整理好開民宿呢？讓你明白自住、經營民宿需要注意哪一些開銷和注意事項。

94 包租公專篇

教台灣人如何在日本買房當房東，讓你克服繁瑣的租屋流程，輕鬆在日本當包租公。

第一章 選房篇

想在日本投資不動產,最重要的就是要清楚想購買的是怎麼樣的房子。以下從房仲的選擇,閱讀售屋廣告需要注意的小撇步、房屋選擇時各類型的比較,以及日後需要轉手時需要考量日本人對「家」的想法。以四大方向說明,如此才不會像無頭蒼蠅般不知道從何考慮起。

 # 成也房仲敗也房仲

　　台灣的投資者一般較難自行在日本尋找房子，最容易也最方便的方法，就是透過仲介。目前台灣大型房屋仲介業者多已跨足日本市場，有直接在日本設立公司，也有透過與日本不動產業者合作的方式，還有更多的是在日本經營不動產的公司，可能是中國人或台灣人，利用現今網路無國界的優勢，透過社交網路平台與軟體，直接在台灣尋找客群。不管是哪一種經營模式，仲介都扮演很重要的角色。

日本購屋的基本流程

　　日本不動產投資的流程，普遍是先由台灣的不動產業者在日本尋覓適合的物件，再安排台灣的客戶到日本看屋，用較為簡單易懂的方式說明，大致可以分成以下過程：

第一：收集資訊

　　首先，尋找房子時，多方收集資料非常重要。尤其對海外的房子不熟悉，沒有辦法親自留意當地消息、蒐集相關資訊，這時候可以透過專門辦理日本房產購買的仲介公司所舉行的日本購屋說明會，為了促進台灣投資者至海外置產，這類型的說明會很多，能夠提供最基礎的購屋說明與知識，一次掌握最大略的概況，可以多加利用。另外，仲介公司網站的上的情報也很重要，他們會作最初步的資料蒐集，並且簡要說明購屋流程，給有意投資日本不動產的台灣買家，先有基本的心理準備。

第二：選擇物件

　　在這一步驟中，建議最好還是透過仲介安排去實地參觀。並且最好由業務人員全程陪同並現場翻譯，因為唯有親自實地看屋，才可了解物件的具體狀態，以及周邊的各種環境，也才能確認是否和網路資料或廣告上的情報一致。進而

檢視環境的整潔、採光、通風等狀況。尤其有考慮自住或出租的住宅，更需要要求仲介就地區周邊環境、生活的機能、以及交通便利、教育設施，如：車站、學校、公園、醫院、商店街等，作完整的介紹。

第三：居中協商

確認想購買的房屋後，經由仲介居中與屋主斡旋，協調買賣價金及其他條件。

第四：簽立契約

一般情形由仲介所合作的「宅地建物取引士」說明所有重要的事項後，由仲介在場協助完成買賣契約的簽署。在日本簽立契約時一般要給賣方支付房價10% 左右的簽約金。

第五：申辦房貸

買賣契約簽署完成，才會進一步辦理貸款申請（如果簽約金也由貸款來支付，在簽立契約之前就需要申請貸款）。如果是向當地的銀行申貸，就需透過仲介協助辦理貸款所需手續，向銀行提出貸款的申請。一般來說，在日本沒有居留資格的外國人要向日本當地銀行借款比較困難，因此外國人大多是透過自己國家的銀行在日本的分行進行貸款。

第六：交屋

如前面所說，在日本簽訂契約的時候需支付房價 10% 左右的簽約金，成交時再支付剩下的款項，同時拿到移轉登記時所需要的所有書面資料。良好的仲介公司，在交屋時會陪同買家到現場再一次檢查。

第七：跨海管理

若是不會實際到日本居住的外國投資者，多由仲介公司推薦合作的物業管理業者，協助各項租賃及其他修繕、裝修等服務。

如何選擇合適的房仲

在日本選擇房仲畢竟與在台灣不同，在台灣透過仲介購屋都有許多需要注

意的陷阱，更何況在人生地不熟、語言不一定通的異國。以下是一些基本需要注意的地方：

先將語言隔閡的危險降到最低

透過仲介最大的風險就是語言的隔閡。由於多數的投資人不具備日語能力，在這樣的情形下，仲介扮演的角色就非常重要。過去曾有過類似的案例：台灣買家在簽約前，只依賴台灣仲介方的片面說法，而到簽約當日，才透過翻譯就契約中具體的買賣條件當場說明。亦即在契約簽訂的過程中，全部都是仰賴翻譯人員當場做翻譯，不僅台灣仲介方沒有直接用日語交涉的能力，合作的日本仲介方也沒有能力用中文溝通。等於把這標的金額不低的房屋買賣，全部交由完全沒有不動產交易知識的翻譯人員，事實上具有非常高的風險。首先翻譯人員能否把合約中細微的差異翻譯清楚，再來就是這場買賣如果後續發生因買賣雙方認知不同，而產生糾紛時，當中的誤差，究竟應由誰來負起責任，就產生很大的爭議。因此，在透過不動產仲介進行海外投資買賣時，所有的重要書面文件，一定要確保仲介能於事前提供中、日文版本，並由仲介承擔起確保中、日文契約沒有誤差的責任，或是透過其他有能力的第三方作確認後才進行簽約，也才能夠確保台灣買家在這場交易上，不會因為語言的問題，而發生其他任何無法挽回的遺憾。

選擇有信用的仲介公司

依賴仲介購買海外不動產，尋找優良的仲介公司就變得非常重要，甚至能左右交易的成敗。在日本，大型仲介公司很重視對員工的教育，整套的運作計畫也很完備，較不易發生資料不完全的情形。但也不能絕對保證大型的仲介公司就一定比較安全。相反的，在地方小型的不動產物件上，地區的中小型業者反而較能掌握資訊，情報收集較為準確與快速，也有可以信賴的地方。因此能否找到優良的仲介公司，甚至能否找到與自己合得來的仲介業務員，雙方大量的溝通才是最重要的。但對於日本的仲介業者，無法親自透過溝通去了解優劣，又或者因為近年外國人不動產投資風潮興起，很多居住於日本的中國人或台灣人趁此機會做起不動產生意，雖然在溝通上很便利，但是否能確實遵守日本法規，或是否真正了解日本不動產情況，則是其中的隱憂。

★檢視正規仲介的基本方法

A. 確認宅地建物取引業免許証號碼	在日本辦理不動產業務均需要特別的資格，這個職業就叫做「宅地建物取引業者」，首先要確認諮詢的仲介公司有沒有該資格。從宅地建物取引業免許証號碼上可以得到一些資訊。免許証號碼一般以〔OO 縣知事 (1) 第 12345 號〕的方式表示，在括號中的是免許証更新的次數。依規定此許可證每 5 年須更新一次，例如：更新 2 次，就會用 (2) 表示已經經營 10 年以上，數字越多表示經營時間越久，信賴度越高。
B. 有無加盟流通機構	如果有加盟日本不動產流通機構，就可以使用不動產情報的網路。在流通機構上有登錄的物件，基本上是全國共有的訊息，因此各仲介業者間掌握的情報，照理說不會有很大落差。
	國土交通大臣指定不動產流通機構如以下幾個： ＊東日本不動產流通機構 (REINS TOWER) 　http://www.reins.or.jp/ ＊中部圈不動產流通機構 　(Chubu Real Estate Information Network System) 　http://www.chubu-reins.or.jp/index ＊近畿圈不動產流通機構 　(Kinki Real Estate Information Network System) 　http://www.kinkireins.or.jp/ ＊西日本不動產流通機構 　(Nishinihon Real Estate Information Network System) 　http://www.nishinihon-reins.or.jp/
C. 有無加入業界團體	加盟業者因為會受到資格審查，因此信賴度較高。下列為幾個日本的不動產業界團體： ＊全國宅地建物取引業協會連合會 ＊全日本不動產協會 ＊都市開發協會 ＊不動產流通經營協會 ＊日本住宅建設產業協會 ＊日本高層住宅協會

★檢視正規仲介的基本方法

D. 確認業者名簿	在業者名簿上可以了解的資訊包括 1. 財務狀況 2. 過去營業實績 3. 不動產業外其他兼職業務 4. 曾經受過的行政處分 5. 商號及職員的變更狀況 6. 事務所沿革
E. 有無宅地建物 取引士	不動產業者每 5 位業務員最少需要配置 1 位宅地建物取引士，但要注意有些會有借名的情況。
F. 確認有無交易 的實績	即使具備上述條件，最實際的還是要跟仲介業者確認過往的交易紀錄，從談話間可以了解業者對不動產業務的熟悉度。

🏛 法律小常識

不動產經紀業從事國外不動產仲介或代銷業務規範

為因應台灣不動產買賣仲介人員從事國外不動產仲介或代銷業務，行政院內政部於 2016 年 12 月 5 日制定了此業務規範，當中有幾點需要注意的規定，簡要提醒如下：

- 仲介業者如帶看國外不動產，不得收取帶看費用。（第4條）
- 仲介業者應於簽約前提供與不動產買賣契約書內容相符之中譯本供消費者審閱。（第5條）
- 仲介業或仲介人員不得收取差價或其他報酬：應依「不動產仲介經紀業報酬計收標準規定」收取服務報酬，且不得以定型化契約條款預先擬定收取費用的金額。（第6條）
- 仲介業者仲介或代銷的不動產如果發生交易糾紛時，該仲介業者應協調買、賣雙方當事人處理，並提供買方必要之法律意見及訴訟協助。（第8條）

不動產業者的3種交易型態

在日本不動產仲介有 3 種交易型態，不同的交易方式影響不動產業者在交易關係中的法律地位，也跟買家是否應支付仲介費有很大的關係。

媒介

是最一般的交易型態，由不動產業者仲介賣方與買家的型態。賣方的不動產仲介與買家的不動產仲介一般情形為不同業者，但也有相同業者的情形。不動產業者本身與交易並無關係，由賣方與買家間發生交易。但在交易成功時，賣方與買家應各自支付仲介費給各自的不動產業者。

代理

由賣方與不動產業者簽訂代理契約，並支付對價，由不動產業者作為賣方的代理人，與買家進行交易。這個情形下，代理的不動產業者具有與賣方相同的權限，因此從買家的角度來看，可以視代理的仲介業者為賣方。此種交易的方式，買家不需要支付仲介費。

業者自售

由不動產業者作為所有權人，也就是賣方直接與買家交易。不僅買家不需要支付仲介費，最大的差異是不動產業者作為賣方，須負有 2 年的瑕疵擔保責任。

宅地建物取引士

在日本有一種專業人員，稱作宅地建物取引士。是指通過宅地建物取引士的資格考試，並且有登錄，而取得宅地建物取引士執照的人。具有一定的知識與經驗，在一間不動產仲介公司中，每 5 名業務員就必須要配置 1 名宅地建物取引士。因為在不動產交易上，特別重要的 3 種事項①重要事項説明②重要事項説明書的屬名與蓋章③ 37 條書面的屬名與蓋章，必須要由宅地建物取引士來執行，不可交由其他業務員來處理。目的就是要藉由宅地建物取引士這樣專

業人員的介入，保護買方的利益，同時促進交易順利的進行。

　　所謂 37 條書面，是指依日本宅地建物交易業法第 37 條規定，宅地建物交易業者成立不動產交易契約時，應交付給雙方當事人的書面契約。該書面內除了會記載買賣價金、支付方法、交付時期等法律上規定契約內容的重要事項，也必須要有宅地建物取引士的屬名及蓋章。

🏵 台日大不同

關於空屋

在日本買賣房屋一定要注意，就是空屋的物件很少，若是投資的物件，通常情況都是尚有承租戶在承租的狀態下出售，台灣常見的空屋看房在日本並不多見，有承租戶的情況下亦是無法進入室內看房，因此實地看屋可能僅限於屋外狀況和走廊、大廳等共用部分而已。如果堅持要選擇能進入室內查看的空屋，那選擇可能就會變得比較少。

 # 看懂售屋廣告

除了仰賴房屋仲介的說明外，自己也要有能力在有限的資料中初步判斷房屋的好壞，以及是否符合個人的需求。尤其日本建物要實地查看並不容易，因此最重要的是對於不動產廣告要有最基本的閱讀能力，才能判斷是不是適合自己的物件。本節就要來教大家怎麼看懂日本的售屋廣告，以及閱讀廣告時必須要了解的重點。

一般廣告圖具備的元素

一般廣告圖的欄位配置，通常會有一欄「物件概要」，介紹基本屋況資訊，例如房屋所在地、專有面積、規模等等；並且會附上室內平面圖、房屋實際照片，以及房屋附近地圖。以下，首先說明物件概要常用語。

日本售屋廣告常用語

（括號內為日語用語）

1. **土地權利**：土地權利有分成所有權、普通租賃權、定期租賃權，同樣的土地若僅有租賃權，應比擁有所有權的土地來得便宜，並且在承租期間需要固定將土地租金繳給所有權人，因此購買之後的成本會增加。

2. **專有面積**：專有面積分成壁芯面積及內法面積兩種。壁芯面積指水泥牆中心起算所包圍的面積，內法面積則扣除牆壁僅計算內部可使用空間的面積，較壁芯面積小。

3. **土地面積（敷地面積）**：有時登記面積與實測面積有差異，所以兩者都要做確認。

4. **使用分區（地目）**：這是指住宅用地與農地等土地用途的分類。若是家裡居住的房子，最好是選擇住宅用地，但如果是在日本偏僻地區，土地用途即使登記為「山林」或「農地」，有時也可蓋建住宅。

5. **建築年月（築年月）**：從建築時間中可以判斷建築當時所適用的法規，尤其在耐震度的判斷上差別影響較大。（參考 P.30）

6. **用途地區（用途地域）**：大致分為居住、商業、工業3大類，決定可興建的建築物種類，例如可否蓋醫院或旅館等，並且會進而影響該區域建物的容積率。

7. **交通**：一般以80公尺 =1分鐘來計算，但常常記載的時間會比事實上所需要的還要短，而且並不包括計算上坡時間，所以時間通常要再增加一點。

8. **建蔽率和容積率**：建蔽率指建築面積占基地面積的比率。容積率為基地內建築物的總地板面積與基地面積之比率。要注意若是超過法規所訂的比例，在向金融機關貸款方面可能有問題。

9. **都市計畫區域**：若標示為「市街道化調整區域」，因為會限制建築，因此向金融機關貸款會有困難。

10. **設備**：例如瓦斯管線或下水道等設備。

11. **價格**：通常只標示房屋本體的含稅價格，其他的手續費都沒有包含。

12. **建築確認號碼**：可銷售的建物以及新建的公寓一定會有建築確認號碼。如果沒有建築確認號碼，依法律是不得廣告販售的。

13. **交易型態**：有分自售、代理、媒介等方式。如果是屋主自售的話，不需要支付仲介費。若是仲介自售或代理，也不需要支付仲介費。

14. **廣告業主的訊息**：要確認仲介業者的基本資訊，選擇值得信賴的仲介業者。（參考 P.13）

15. **年間收入**：通常以現在的租金來計算，如果是空房的情形，則會以假定的條件來計算，因此並不保證之後確實的收入。

16. **現況**：房屋若是出租的狀態就會標明「出租中」，因此交易完成後可以承接下來繼續取得租金。但若交易的標的為一棟大樓，儘管當中只有一戶是出租的狀態，也會標為出租中，因此實際的出租狀況一定要多做確認。

17. **交付時期**：若是馬上可以交付的話，會載明「即時」。若是需要再跟屋主討論決定日期的話，會載明「相談」。至於是新建還尚未完工的物件，會寫明「完成後」。

■售屋廣告範例

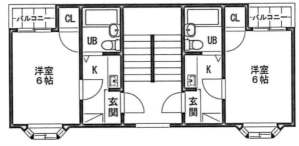

駅出口すぐ目の前！

A号室　　　　　　　　　　　B号室

（間取り図：バルコニー、CL、UB、洋室6帖、K、玄関など）

収入
月額賃料　　385,000円（水道代込）

支出
固都税　　158,200円（年額）
電気代　　約 5,000円（月額）
水道代　　約16,000円（月額）
ゴミ処理　　9,720円（月額）

種　目	売住宅以外建物全部　マンション							
建物名								
価　格	総額	6,700 万円	内消費税 額				万円	
物件所在								
交通状況					駅より徒歩			
		バス乗車　　分			バス停より徒歩			
	駅より車	km	その他					
土地面積	公簿	54.14	㎡	他に私道面積				㎡
セットバック区分				セットバック面積				㎡
建物面積	延べ	212.9㎡ のうち	4F部分	42.78㎡ /	5F部分	42.78㎡		
	1F	41.78㎡	2F	42.78㎡	3F	42.78㎡	他	㎡
建築構造材質等		鉄骨造	築年月		昭和63年11月			
	地上（　5　）地下（　　）							
間　取	部屋数（　　　）		駐車場					
設備・条件								
接道状況	二方道路（除角地）二方		地　勢		平坦			
接道方向等	1	北　側　幅員	5.4㎡	2	東　側　幅員	3.6㎡		
	公道　に	m接面	位置指定					
土地権利		所有権	付帯権利					
国土法届		不要（否）	用途地域		第一種住居地域			
地　目		宅地	都市計画					
その他法令上の制限								
建ぺい率		%	容積率		%			
現　況	賃貸中　＜　　年　月＞		引　渡		＜　　年　月　＞			
備　考	敷金返還金84,000円							
備考補足								

🍀 公益社団法人

★基本中日文售屋廣告標示用語對照

玄関（玄）	玄關	収納	置物櫃
和室	日式房	洋室	洋式房
畳 /J	一張榻榻米的面積（相當於半坪）	押入	壁櫥
廊下	走廊	エレベーター	電梯
クローゼット	衣櫥	トイレ /WC	廁所
洗面室	盥洗室	浴室 /UB	浴室
バルコニー	陽台	洗 /W	洗衣機放置處
冷 /R	冰箱放置處	ロック	鎖
PS	管線間	L/Living Room	客廳
D/Dining Room	餐廳	K/Kitchen	廚房
DK/Dining Kitchen	餐廳與廚房的空間	LDK/Living Dining Kitchen	客廳加上餐廳、廚房的開放空間
MB	水電瓦斯表箱	ウォークインクローゼット /WIC	更衣間
シューズインクローゼット /SIC	內嵌式鞋櫃	マンション	公寓
賃貸住宅	租賃住宅	オフィスビル	辦公大樓
オフィス：	辦公室	鉄筋コンクリート	鋼筋混凝土
鉄骨鉄筋コンクリート	鋼筋鋼骨混凝土	ロビー	大廳
壁	牆壁	床	地板
天井	天花板	柱	柱子
下足入	鞋櫃	屋根	屋頂

管理費與修繕基金

　　管理費是指為維持與管理公寓大廈中的土地與建物的共有部分,以及共同使用的設施與設備的必要經費。例如電梯的檢查、共用部分的清掃以及電熱費、管理員的費用等。在日本的管理費,一般是將必要的經費,以專有部分的持分面積比例算出,交由管理公司去管理。

　　除了管理費之外,修繕基金(日語:修繕積立金)是日本很獨特的制度,有別於管理費是一般的日常支出,修繕基金其實是為了未來作打算。考量公寓大廈等經過長時間後建築物會有折損以及損壞的情形,為保持建築物可以維持良好的狀態以供居住,將來可能會實施一些必要的裝修,例如外牆的修補、管線的更新等等,所以由住戶定期繳納一定金額,作為公基金以應付未來的裝修支出。在此情形下,建築時間較長的公寓,或是樓層數較多維持費用較高的大廈,修繕基金的金額都會比較高。

權狀面積		
	日本	台灣
交易面積	以室內專有面積計算價金。不包含公共設施面積,如陽台、停車位、電梯、走廊等。	依權狀登記面積計算價金。還包含公共設施之分攤面積,含自家陽台、停車位、走廊、電梯等。
標示單位	平方米(m²)或坪(1m²＝約0.3025坪＝約0.6疊)為單位。又1坪＝2疊,日本標示金額時多數採用:日幣／坪。	買賣習慣上是以「坪」來交易。權狀上則是以平方公尺(m²)為單位作登記。

不附車位

　　在日本規定上,必須要有車位才能購車,因此想擁有私家車的人,就必須要擁有或承租車位。而且日本不像台灣可以路邊停車,一般都必須停在規畫好的停車場裡。另外,除非是一戶建可以規畫擁有自己的車位,不然一般公寓大廈的停車位都是出租的,租金作為大樓的修繕基金或管理基金。所以想在日本買到附車位的房子,其實是非常困難的。

🏛 法律小常識

　　根據日本法律，為避免不動產業者誇大不實的廣告，依日本的「宅建業法」，以及「不動產表示公平競爭規約（表示規約）」有訂下兩個規則，如果不動產業者的廣告明顯違反這兩套規則，對該業者的信賴度就應該降低，要更為謹慎小心。

宅建業法

　　日本宅建業法規定主要有3：誇張廣告的禁止、廣告開始時間的限制、以及明示交易方式。

(1) 誇張廣告的禁止

　　不動產業者在進行廣告時，土地、建物的所在、規模、現在或將來的限制、環境或交通等其他、價額、租金價額等，不得與事實有顯著的不同，且不得為容易使人誤認的表示。亦即限制誇張廣告（宅建業法第 32 條）。

(2) 廣告開始時間的限制

　　不動產業者於工程完畢前，若尚未取得開發許可或建築確認，不得就土地或建物買賣的業務進行廣告（宅建業法第 33 條）。

(3) 明示交易方式

　　如前述（參考 P.15）不動產業者有3種交易型態，包括媒介、代理、跟自售，因攸關業者本身是否為契約關係人，以及仲介費的計算，因此一定要在廣告中表示出來（宅建業法第34條第1項）。

不動產表示公平競爭規約（表示規約）

　　關於此「表示規約」，是依照日本法「不當贈品類及不當表示防止法」（第12 條）中的規定，各事業團體可以根據各業種自行設定公平競爭規約，自主進行管制。因此按照該法律，日本的不動產業者自訂了此「表示規約」，以利遵守。

　　在此規約中，針對廣告內容的限制，主要為表示的標準以及用語的使用。

(1) 表示的標準

除因應宅建業法訂出了不動產廣告的禁止事項，表示規約除要求正確資訊、以及禁止虛偽的廣告外，更在細節上，針對買家在選擇不動產必須要慎重考慮的重要事項上，決定了更細微的標準。例如物件與各項設施間的距離所需時間的計算方法，甚至到廣告上的文字應有的字數大小，都有統一的規定。

(2) 用語的使用

除此之外在不動產廣告上，若使用抽象的用語也容易造成買家的誤認。因此規約亦規定，容易造成買家誤認的文字，原則上不得使用。這些禁止使用的用語包括有：

- 完全、完美、絕對
- 日本第一、拔群、本公司獨有
- 特選、嚴選
- 最棒、最高級、隱含有最上級的含意的用語
- 超便宜、超低價
- 隱含有超人氣、賣得非常好的涵義用語例如完售等，除非業者可以就該表示的內容提出合理的依據，才不在此限制之列。

日本房屋的選擇

若清楚學會如何看售屋廣告的宣傳品後，接下來就要考量自己想要選擇什麼類型的房屋。以下簡單將新屋與中古屋和公寓大廈與一戶建用對比表格的方式做清楚的比較與説明。

新屋與中古屋

究竟要買新屋還是中古屋，其實還是取決於買家的需求，這個房子是要出租還是自住，目的不同，選擇的房屋種類就會不同。台灣買家投資一般以買中古屋居多，因為入手容易，但日本人在購買自用住宅時仍以新屋為首選，究竟當中有何優缺點，以下用簡單的表格來説明。

★新屋與中古屋的優缺點比較表

	新屋	
優點	· 配置最新設備，能選擇具有較高隔音、隔熱、與耐久性能，以及較佳的防火、防災設備	
	· 建材已劣化的情形較少	· 比中古屋價值高
	· 可以申貸到較長期的貸款	· 較有稅制上的優惠方案
	· 內外部比較有機會按希望的設計與配備	
	· 裝潢費用較中古屋為低	· 出租的話租金較高
	· 住宅壽命較長	· 與鄰地的分界明顯，不易發生爭執
缺點	· 價額較中古屋高	
	· 冷氣或照明器具等附帶設備多另外計費	
	· 以郊區的開發地或面積較小的物件為多（都市中心已飽和較難推出新建案）	
	· 較常以預售屋的方式進行販售，有時會發生最終實屋有差異的情況，實際的視野、日照、隔音、以及通風狀態亦不易判斷	

★新屋與中古屋的優缺點比較表

	中古屋
優點	・相同條件下價額比新屋便宜 ・可以確認過去的修繕狀態是否有不佳的地方再決定是否購入 ・較能親身感受日照與通風、噪音情況 ・有些會附帶冷氣或照明器具等設備 ・公寓大廈的話也可以確認目前的管理狀況以及公共設施 ・只需稍微裝修，即可以用較便宜的金額買到舒適的住宅
缺點	・一段時間經過後可能有部分裝修的必要 ・貸款期間可能會比新屋短 ・重建時可能會改變房屋大小 ・裝潢費用高 ・公寓大廈的話修繕基金較高 ・可能會有耐震度不符合現在標準的物件 ・建物的設計不符合時代

公寓大廈與一戶建

在日本，公寓大廈是指「共同住宅」的意思，一戶建則是指獨立一戶的意思。考慮購買一戶建的人，多因為土地可以永久留存所以認為比公寓大廈來得有價值。但事實上土地有增值，也有貶值的可能。相同的，增值的公寓大廈也不少。台灣買家一般很少打算永久持有房產，多以將來能增值轉賣為目標，因此土地的持有就顯得不那麼重要。但相較於公寓大廈，一戶建仍有它獨特的優點，而且以在台北市來說幾乎很難買到一戶建的情況，能在日本買到一戶建作為獨棟度假別墅，也不失為一難能可貴的機會。

★公寓與一戶建的優缺點比較表

	公寓大廈	一戶建
優點	・相同地理條件下價額較一戶建低 ・隔熱性好 ・大規模的公寓大廈有提供會客室、兒童遊樂場所等共用設施 ・高樓層的公寓大廈視野好 ・共用部分交由管理公司管理與維護 ・耐震度較強 ・安全度較高 ・通常建於靠近市區的街道附近，生活機能較便利	・不容易受隔壁噪音干擾 ・法律允許下，可以自由改建、擴建、重建 ・自由飼養寵物 ・可以有多窗，採光較好，整體通風性也較佳 ・沒有管理費、修繕基金 ・可以擁有專用停車位 ・可以擁有個人庭院 ・建物折舊，土地價值仍在
缺點	・容易受到上下樓或隔壁住戶的噪音干擾 ・有些公寓禁止飼養寵物 ・有裝修的限制 ・必須支付管理費及修繕基金、停車費等 ・可能沒有停車位	・安全度較低 ・隔熱性及隔音度較公寓差 ・需要自行清掃與管理 ・即使不擅長也要和近鄰有交流 ・耐震度較低 ・考慮土地價額通常位於郊區，較難確保便利性

住房翻修與住房裝潢

　　中古屋容易遇到翻修的狀況，而新屋一樣有裝潢的問題。以下標示了住房裝潢與住房翻修的日文，並作說明。

住房翻修「リフォーム」（Reform）：

　　在日本住房翻修是指已老壞的建築物回復良好的狀態。例如已經損壞的、髒汙的、以及老化的部分作修理以及清潔，回復到原來的狀態，像是外裝的重新粉刷、廚房設備變更、壁紙的重新張貼等。

住房裝潢「リノベーション」（Renovation）：

　　住房裝潢是指現存的建築物進行大規模、全面性的工程，將建物的狀態提高一層。相較於住房翻修是將房屋的狀態與機能回復，裝潢是將房屋的狀態與機能再更提升。例如為提高耐久性或耐震性而修補牆壁，或為改善居住環境使其更符合現代需求而進行更高設計感的裝潢等。

工程規模與住宅性能

　　日本人也不是很能清楚分辨住房翻修與住房裝潢的不同，他們中間並沒有清楚的分界。但這兩個用語在「工程規模」與「住宅性能」上還是可以有下列的分別方法。

工程規模

　　像是設備變更與修繕等，如系統廚具、全套衛浴的替換，或是張貼壁紙等較小規模的工事，分類在「住房翻修」項下。另一方面，如果是變更房屋格局、水管排水管以及冷暖氣房設備的更新等較大規模的工程，就屬於「住房裝潢」。

住宅性能

　　工程如果是讓房屋回復到和新建時相同或以下的性能，就屬於「住房翻修」，如果增加到超過剛新建完成時的狀態，就屬於「住房裝潢」。又或者改變房屋的用途，例如將住宅改為辦公室，或是將辦公大樓改為住宅用，均屬於「住房裝潢」。

專有部分與共有部分

　　根據日本的「關於建物區分所有等法律 (區分所有法)」，公寓大廈分為個人所有的專有部分，以及全部所有人所共有的共用部分。但在共用部分當中也有僅限於個人使用的部分，雖然在用途上與專有部分較類似，但實際上仍是屬於公寓大廈住戶全員所有。

共有部分

- ・建築物軀幹、外牆包括室內的牆、地板、天花板部分 (專有部分僅限最後的表面)
- ・外廊、安全梯、樓梯扶手
- ・屋頂
- ・電梯
- ・排水、給水設施
- ・電氣、機械室
- ・各住戶的外側管線、配線 (各住戶內側的管線、配線則為專有部分)
- ・停車場共用空間
- ・垃圾場
- ・集會室、管理員室、娛樂室等隨著公寓大廈的規模不同，附屬設施的種類也增多
- ・小公園、兒童遊樂場
- ・公寓大廈共同玄關

共有部分中具有專有使用權部分

此部分區域雖然具有專有使用權可以供個人任意使用，但是仍為共有部分，因此不可任意進行改裝或是轉讓。而且按日本的一般情況，停車場或倉庫等使用還會額外收取費用。

- ・各住戶門前的一小塊玄關區域
- ・陽台
- ・專用庭院
- ・分配到的停車場
- ・倉庫

專有部分

- ・各住屋的室內部分

必要時要確認公寓大廈的管理規約

在日本，因陽台或專用庭院在發生災害的時候，可能被利用作為避難時的路線，因此很多公寓大廈的規約會有一些限制，例如不可放置物品。又房屋外側的玄關、陽台、窗戶的邊框與玻璃等為共有部分，因此內側雖然可以改變塗裝，但外側的塗裝或是變更是不被允許的。另外，有些規約規定該房屋只能用於居住，禁止作為民宿等用途。

以上這些注意事項通常都會規定在管理規約裡，譬如新建的公寓大廈，在分售時，不動產公司會擬好管理規約和使用手冊等，像是規定水管有破裂時的修理與賠償，該由管理公司負責還是個人負責，或是其他公寓大樓生活相關的細則，都會有管理規約的手冊可以參考。因此購入日本公寓，甚至是入住之前，請務必確認管理規約的內容。

耐震房屋的選擇

日本群島位處地震非常活躍的環太平洋地震帶上，2011 年 3 月 11 日（一般通稱為 311 大地震）後，日本政府在法規上要求建築結構的耐震度十分嚴謹。然而買房時我們該如何注意自己所選擇的房屋是否符合標準，以下從耐震方式以及耐震標準作說明。

耐震方式

在地震很多的日本，耐震度越強的公寓大廈，價值也越高。日本建築物的耐震方式，分為「耐震」、「制震」、「免震」等 3 種。會依照地盤狀態與建築物的構造決定採用的方式，以下簡單說明。

＊**耐震**：是指建築物本身的柱跟樑採用具有高強度的建材，能夠抵抗地震的搖晃。建築費用較低，但雖然可以避免建物傾倒，卻無法避免建物直接承受搖晃，室內物品也容易因地震搖晃而散亂。

＊**制震**：指建築物構造上安裝制震裝置，能夠減低建物的搖晃。相較於「耐震」方式建築費稍貴，但搖晃度較小，缺點是仍無法完全避免室內物品受影響，且低樓層的房屋與「耐震」幾乎沒有甚麼差異。

＊免震：是指在建物與地基間設置免震裝置，可以將7級的地震減緩至4級左右，對室內家具等的影響大幅降低。但缺點是建築費用最高，所需要的土地空間也較大。最近的日本超高層公寓大廈，多採用「制震」與「免震」複合的方式。

耐震的標準

在日本共有兩種耐震標準，現行的耐震標準是在 1981 年 6 月 1 日公布施行，因此稱作「新耐震標準」，相較於「舊耐震標準」僅要求建物在地震發生時避免傾倒，新耐震標準則更進一步要求建物在地震發生時避免受損，安全性較高。

🏛 法律小常識

日本法律規定，新建物應事前接受耐震檢查，並取得「確認完畢證書」或「檢查完畢證書」。在這兩種證書上都會記載日期，如果日期是在 1981 年 6 月 1 日之後的，就可以知道是採用新耐震標準，若是在此日期之前，就應當要進行耐震診斷以確保房屋有足夠的耐震度。

耐震度檢查完畢證書

 **日本人眼裡的家**

　　台灣投資人購買日本不動產很少有永久持有的打算，因此需注意所購買的房屋將來不要掉值得太快，或是希望能順利的轉手賣出賺取差價，除了自己的偏好之外，一定要站在日本人的角度選擇房子。

日本人考量房屋的重點

　　日本人在生活文化上的背景與台灣人不同，在選擇房屋時的考量角度亦有差別。以下從地緣、公寓大廈以及中古屋 3 大項考量出發，讓我們了解日本人對於房屋的想法。

地緣考量

①到最近車站的地緣狀況

- 距離多遠
- 要多少時間
- 往來行人數量
- 上下坡、道路的狀況
- 有無治安不好的死角
- 巴士停靠位置
- 有無便利商店等營業店鋪

②通勤、上學的路徑

- 多遠距離
- 交通需要多少時間
- 交通方式為何、是否需轉乘
- 交通系統的運行頻繁度
- 到達目的地所需車費

- 交通工具第一班與最後一班的運行時間

③超市等商業設施

- 多遠距離
- 交通需要多少時間
- 營業時間
- 物價高低
- 有無停車場
- 商品數量與品質

④醫院等醫療設施

- 多遠距離
- 交通所需時間
- 營業時間多長
- 休息日為何時

- 醫療服務種類為何

⑤**幼稚園、小學等教育環境**

- 距離多遠
- 交通所需時間
- 學校評價
- 入學難易度
- 教育費高低

⑥**金融機關、消防局或是公園等公共設施**

- 到各設施需要多少時間
- 是否有停車場

⑦**周邊道路與鐵路狀況**

- 噪音情況
- 路面震動情況
- 交通的車量
- 空氣汙染情形

⑧**工廠設施**

- 有無製造噪音
- 有無空氣汙染疑慮
- 是否有惡臭
- 製造什麼性質的商品的工廠
- 怎樣的機器設施

⑨**周圍環境變化的可能性**

- 收費停車場多寡
- 是否有很多空地
- 是否為都市計畫道路預定地

⑩**近鄰的狀況**

- 周邊建築的型態
- 周邊住戶給人的印象
- 垃圾收集處的管理

- 有無其他居民紛爭

附近地理情況

- 土地過去是做何用途
- 是否發生過水災
- 土質有無受汙染可能
- 地質的強度

公寓大廈

共用部分

- 腳踏車停車處一戶是否可以擁有兩台以上停車空間
- 停車場有無遮雨設備
- 停車場一戶可否停一輛車以上
- 機械式停車場是否操作容易
- 使用電梯需要的等待時間
- 是否具有來訪客人的停車處
- 是否有對自己來說沒有用處的公共設施

室內狀態

- 天花板高度是否高達2公尺40公分以上
- 有無經室內設計
- 收納空間是否足夠
- 能否妥善保有隱私
- 是否附有家具

廚房

- 是否為自己喜歡的配置
- 系統廚具是否使用便利
- 冰箱的擺放空間
- 電器製品的擺放空間

- 是否有足夠收納空間
- 是否有垃圾分類的擺放空間

浴室、廁所

- 是否有更衣室
- 浴室空間大小是否足夠、有無淋浴等設備
- 有無配置浴室排風機
- 熱水器的供應熱水狀態
- 廁所與洗手台的收納空間
- 有無清掃困難的空間

玄關、走廊

- 是否夠寬敞
- 鞋櫃空間是否足夠
- 有無儲放清掃用具的空間

陽台

- 曬衣服的場地是否足夠
- 有無放置分離式冷氣的空間

安全、防災設施

- 大門有無自動上鎖功能
- 有無24小時的管理、警衛人員
- 有無加裝監視器、電梯內有無設置監視器
- 與屋頂相通的門有無配置門鎖
- 停車場邊於夜間有無照明設施
- 有無設置火災時的避難通道
- 安全門是否僅供內側開啟
- 陽台有無設置避難用具
- 公共走廊有無放置滅火器

環境

- 房間是否都有附窗

- 日照是否優良，一天的日照有多長時間
- 一樓和馬路間的間隔是否足夠
- 即使關上窗戶是否還是會感覺太冷或太熱
- 隔音狀態如何、室外是否有無法忍受的噪音
- 天花板與牆壁有無損傷
- 窗戶的隔音性是否良好
- 有無換氣設備
- 從外是否能很清楚看到內部

中古屋

隔間、設備

- 是否為良好的隔間設計
- 開窗後是否通風
- 日照是否良好
- 是否有充足的收納空間
- 瓦斯、供電、排氣、熱水氣設備等是否還能良好運作
- 排水口有無傳出惡臭
- 壁紙、和室門以及塌塌米是否有髒汙或毀損
- 廚房、廁所、洗手台等排水是否良好、有無漏水情形

地基、結構狀態

- 室內與天花板、牆壁是否有滲水的痕跡
- 地板有無傾斜
- 有無木材腐爛情形

- 有無使用隔熱建材
- 門與窗是否仍能妥善開啟和密合
- 牆與窗框、櫥櫃有無潮濕發霉
- 是否使用耐震度高的建築工法
- 下雨過後外牆與地面是否會積水潮濕
- 木造房有無白蟻出沒

公寓的管理狀態

- 電梯有無定期檢驗
- 整體環境有無固定清掃
- 垃圾場與停車場的環境清潔
- 有無訂立長期修繕計畫
- 植栽是否維持良好
- 何時會進行大規模修繕
- 修繕基金是否充分
- 管理費與修繕基金是否妥善分別管理

- 告示板是否反映出管理公司與社區自治會有在運作的狀態
- 管理員的印象是否良好
- 管理規約中有無訂立翻修的條項

入住者的印象

- 有無鋼琴等大分貝的聲音
- 附近有無有問題的居住者
- 共用走廊空間是否被利用作為個人擺放物品或垃圾

安全

- 大門是否配置自動上鎖
- 建築整體是否為從外部容易進入的設計
- 有無設置監視器
- 室內有無利用作為公司或者店面，若有公司或店面，有無垃圾、噪音、氣味等問題

⚜ **台日大不同**

台灣人與日本人選擇房屋上存在一些差別

- **日本人不喜歡住在一樓：**
  在台灣一樓因為可以當作店面，交易金額偏高，但日本人考量安全以及隱私的問題，不喜歡住在一樓。
- **日本人喜歡集中在安靜的住宅區：**台灣愈繁華的地區房價越高。
- **日本人買房重視大眾運輸系統的便利與距離：**
  台灣人因習慣開車，對於這方面的要求較低。
- **日本人距離公司約 1 小時的交通時間都在可以接受的範圍：**
  台灣人比較無法接受這樣長的距離。
- **日本人較重視附近居住者的素質，會強調跟街訪鄰居打好關係。**

自己掌握不動產訊息

看懂建物謄本

　　日本的建物謄本稱作「建物登記事項證明書」（日語：建物の登記事項証明書），會登載所有的登記記錄、是否有設定抵押等。在日本任何人不管是為了不動產交易或是其他理由，都可以向登記機關（法務局）自由申請取得。同樣地，土地登記事項證明書也可以在登記機關取得。

　　在進行不動產交易前，建議所有的買家先取得建物謄本，因為從建物謄本上，就可以得到一些初步的資訊，是了解欲購買的房屋的第一步。至於日本的建物謄本閱讀方法，主要需要注意以下幾個地方，下圖以標示的方式說明「建物登記事項證明書」如何填寫。

表題部

　　表題部是記載該不動產的物理現況。

①可以確認此文件為日本的建物謄本。

②建物的不動產編號：以用來特定個別的建物。

③此部分為特定建物的所在地。

④家屋編號：可以視為用來特定建物的編號。而家屋編號通常使用所在土地的地號，若該土地上有數個建物，就會使用「○番之1」和「○番之2」這樣的標示方法來作區別。

⑤建物的種類，亦即建物的用途。法律上沒有規定，按居住、店鋪、倉庫等用途作記載。

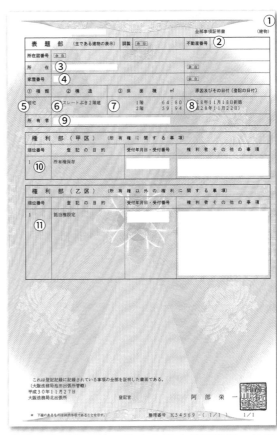

⑫⑬本份建物謄本因為沒有設定共同擔保，故沒有「共同擔保目錄」

⑥建物的構造，指記載建物主要構造部分的狀況（是木造還是鋼筋等）、屋頂的狀況、階數等。

⑦建物各層樓的樓地板面積。

⑧記載新建、增建或拆除等登記原因及發生年月日。

⑨表題部的所有人。

權利部

權利部分又分為「甲區」跟「乙區」。

甲區為有關所有權的登記（例如所有權的移轉登記、或是所有權的強制執行等登記）的記載。從甲區可以了解該建物的所有權變遷。

⑩表示登記的標的所有權人是由誰變更為誰，以及如何變更的。包括現在的所有權人以及過去的所有權人的姓名跟住址都有記載。

乙區則記載了所有權以外的相關事項。

⑪表示所有權以外的相關事項。例如抵押權、地上權、租賃權等。於設定抵押權的情形，包括何時借款、利息為多少等事項都可以知道。

共同擔保目錄

⑫共同擔保目錄的記號及編號。

⑬可以知道共同擔保的不動產（土地或是建物）。

因建物謄本所記載的內容，都會是最新的房產情況，因此即使在剛開始洽談交易時，不動產仲介業者已出示過土地和建物謄本，到最後要簽下買賣契約時，都一定再一次謹慎的要求仲介業者提出最新的土地和建物謄本，確保該買賣標的的建物沒有發生其他的變更。

尤其土地及建物謄本上如果有假登記、強制執行、假執行、附有買回的特約等這些記載，表示該建物的權利關係還尚未確定，所有權等權利處於隨時會變更的狀態，一定要特別注意。

❀ 日語關鍵字

・**建物の全部事項証明書：**
建物謄本

・**抵当権者：**
抵押權人

・**不動産番号：**
不動產編號

・**仮登記：**
假登記

・**床面積：**
樓地板面積

・**差し押さえ：**
強制執行

・**所有者：**
所有權人

・**仮差し押さえ：**
假執行

・**抵当権：**
抵押權

・**買い戻し特約：**
附有買回的特約

🌐 查詢房屋所在地環境狀況的相關網站

· **查詢事故房的網站**（可以直接在地圖上放大搜尋）：
http://www.oshimaland.co.jp/

· **預測自然災害的地圖**（包括水災、海嘯、土石流、火山、地震等，也能確認避難
地點）：
http://disapotal.gsi.go.jp

· **查詢地盤狀況以及地震預測：**
http://dai-jisin-taisaku.info/yosoku/

· **查詢各地區的地震活動狀況：**
http://www.j-shis.bosai.go.jp/map/

· **查看是否為活斷層地區，發生地震的風險有多少：**
http://gbank.gsj.jp/activefault/

· **查詢地質狀況，也能查詢古地圖，確認過去是否為墓地或其他：**
http://jam.jibanmap.jp/map/main.php

FOR SALE

第二章 買房篇

選定喜歡的房屋後，就進入買賣交易的階段。究竟在日本買房
與在台灣有何不同？該如何使用台灣的錢購買日本的房屋，在
各項交易過程中有哪些重要事項，又如何看懂法律文件，最後
交屋時還有哪些重點該注意，以下將詳細說明。

 # 各項必要的支出

要在日本購屋，最重要的前提就是要做好資金規劃，而當中的重點是將所有可能花費的成本做好評估，以便掌控其他項目的支出，避免預算超支。

購屋也要繳稅

購屋成本除了房屋價額外，不可以忘記要加上稅金。以下是不動產交易時必須繳納的稅金，有登記許可稅、不動產取得稅、印花稅與消費稅四項稅種，以下用表格整理並說明各稅種和計算方式與繳納時間。

第一種：登記許可稅

登記許可稅是進行不動產登記時發生的稅金，需根據契約書記載的金額來納稅，類似台灣的登記規費。在計算方式中需注意所有權保存登記的減輕稅率的計算方式，以下將詳細說明。

稅金計算方式與繳納時間：

*稅額＝徵稅標準×稅率

（現施行的登記許可稅為減輕稅率，適用至2020年3月31日止。）

*繳納時間：登記不動產時一次繳納

所有權保存登記的減輕稅率

在登記許可稅的計算方式中，課稅標準是以法務局認定標的物的價額為準，而在所有權保存登記的減輕稅率的規定上，以新建建物和經過認定為「長期優良的住宅」以及「認定為低碳素的住宅」享有減輕稅率的條件。

★所有權保存登記的減輕稅率表（以 2018 年 12 月現時點的規定為準）

土地·建物	住宅用建物（新建） （至 2020 年 3 月 31 日為止）			認定為長期優良的住宅 （至 2020 年 3 月 31 日為止）	認定為低碳素的住宅 （至 2020 年 3 月 31 日為止）
原稅率	減輕稅率	適用條件		減輕稅率	減輕稅率
0.4%	0.15%	1. 自己居住的住宅 2. 新建或取得後 1 年以內登記的建物 3. 樓地板面積 (登記面積) 50m^{2}以上		0.1%	0.1%

住宅用家屋證明書

　　要適用登記許可稅減輕稅率的情形，須提出建物可適用的證明，亦即需要市區町村長所開立的「住宅用家屋証明書」。此證明書的申請一般委由司法書士作為申請的代理人，向市區町村提出。

第二種：不動產取得稅

　　取得或者新建、擴建不動產時，都道府縣所徵收的地方稅。於取得不動產後約3～6個月會收到納稅通知書，憑各都道府縣所寄發的「納稅通知書」向金融機關繳納。此外，繳納期限依各都道府縣規定而有所不同，類似台灣的契稅。

■住宅用家屋證明書

住　宅　用　家　屋　証　明　書

租税特別措置法施行令
□ (ア) 第41条
　　特定認定長期優良住宅又は認定低炭素住宅以外
　　□ (a) 新築されたもの　　　□ (b) 建築後使用されたことのないもの
　　特定認定長期優良住宅
　　□ (c) 新築されたもの　　　□ (d) 建築後使用されたことのないもの
　　認定低炭素住宅
　　□ (e) 新築されたもの　　　□ (f) 建築後使用されたことのないもの
□ (イ) 第42条第1項（建築後使用されたことのあるもの）
　　□ (g) 第42条の2の2に規定する特定の増改築等がされた家屋で
　　　　宅地建物取引業者から取得したもの
　　□ (h) (g) 以外
の規定に該当するものである旨を証明します。

取 得 者 の 住 所	
取 得 者 の 氏 名	
家 屋 の 所 在 地	豊中市
家 屋 番 号	
種 類 · 構 造	居宅
床 面 積	㎡
新 築 年 月 日	□昭和　　　年　　月　　日 □平成
取 得 年 月 日	平成　　　年　　月　　日
取 得 の 原 因 (移転登記の場合に記入)	□ (1) 売 買　　　　□ (2) 贈 与
取 得 者 の 居 住	□ (1) 入居済　　　　□ (2) 入居予定
区分建物の耐火性能	□ (1) 耐火または準耐火　□ (2) 低層集合住宅

豊財団証第　　　　　　号

平成　　年　　月　　日

大阪府豊中市長　　長　内　繁　樹

稅金計算與繳納時間：

＊稅額 ＝固定資產稅評價額 × 4%（標準稅率）

特例情況可在稅率、課稅標準方面享受稅收優惠：

- 土地以及住宅3%（2021年3月31日為止）、住宅以外的建築物4%
- 住宅用地徵稅標準特例（評估金額 × 1/2）

＊繳納時間：不動產取得稅的繳納時間為購買後一次繳納。

固定資產稅評價額

　　為不動產價值的評價額，並非買賣交易時所支付的價格總額，用於計算固定資產稅、都市計畫稅、不動產取得稅、以及登記許可稅時作為計算的基礎，約 3 年調整 1 次。一般而言，固定資產稅評價額約為時價的 70%，若欲知道建物這 3 年的固定資產稅評價額，就需要去申請「固定資產稅評價額證明書」。

法務局評價額

　　因新建物尚未有固定資產稅評價額，因此法務局通常按建築物的構造種類、用途等訂出價額。

■固定資產稅評價證明書

第三種：印花稅

　　針對與商業交易等相關文件所課徵的稅金。按印花稅法規定需要貼上「印花稅票」的文書稱為課稅文書，徵收印花稅。在不動產交易中，不動產的買賣合約、銀行貸款合約、收據等均屬於課稅文書，依照合約的記載金額計算稅額。若同一合約有多份，則每一份都要貼印花稅票。貼上印花稅票蓋上印章，就代表已徵收印花稅。

　　日本的印花稅不以現金繳納，而是將等值的印花稅票黏貼在合約上後蓋上註銷印。

稅金與繳納時間：＊稅額＝ 0 ～ 48 萬日幣　＊繳納時間：購買時一次繳納。

★印花稅的級距表
（以 2018 年 12 月現時點的規定為準）

記載金額	
未滿 1 萬日幣	非課稅
10 萬日幣以下	200 日幣
50 萬日幣以下	200 日幣
100 萬日幣以下	500 日幣
500 萬日幣以下	1,000 日幣
1,000 萬日幣以下	5,000 日幣
5,000 萬日幣以下	10,000 日幣
1 億日幣以下	30,000 日幣
5 億日幣以下	60,000 日幣
10 億日幣以下	160,000 日幣
50 億日幣以下	320,000 日幣
超過 50 億日幣	480,000 日幣
無記載金額	200 日幣

❀ 日語關鍵字

・登錄許可稅：
登記許可稅

・手數料：
手續費

・印紙稅：
印花稅

・收入印紙：
印花稅票

第四種：消費稅

消費稅是對納稅義務人進行的日本國內交易課稅。對建物的轉讓對價要徵收消費稅，但對於土地所有權轉讓則不徵收消費稅。若建物的賣方為個人時，亦不課徵消費稅 (如中古屋的交易)。透過仲介業者購入的情形，仲介手續費也須課消費稅。然而，是否繳納消費稅則以應課稅的交易與非課稅的交易作為區分。

稅金計算與繳納時間：

＊稅額＝課稅標準額 ×8%（可能於2019年10月增為10%）

＊繳納時間：一般已包含在銷售價額內

★應課稅與非課稅的交易範例

應課稅的交易	非課稅的交易
1. 建商新建物的價金 2. 仲介費（買賣、租賃） 3. 房貸事務手續費 4. 事務所、店舖等房租	1. 土地價金 2. 房貸的返濟利息、保證金 3. 火災保險費、生命保險費 4. 地租、房租（居住用） 5. 保證金、敷金

稅理士

在日本，有「稅理士」這樣的專門職業，工作內容主要是處理申報稅務的這一塊，在台灣稅務屬於會計師的業務，但在日本還有稅理士，分擔部分會計師的業務。稅理士的工作內容大致可以分為稅務書類的作成、稅務法規的諮詢、記帳業務、以及稅務申報的代理等等。因此有關日本稅法上的問題，尤其是個人，記得可以找稅理士諮詢。

仲介費的計算

★仲介費率計算與費用

物件的成交金額	仲介費率公式	仲介費用
200 萬日幣以下	5%	10 萬日幣
超過 200 日幣，400 日幣以下	4%+2 萬日幣	8 萬日幣
超過 400 萬日幣	3%+6 萬日幣	48 萬日幣

　　不動產業者介紹物件並促進交易進行的報酬，即為仲介費。日本的「宅地建物取引法」有規定仲介費按物件的成交金額高低有不同的計算公式。若以買賣價格為 2000 萬日幣的房屋為例：

a. 200萬日幣以下的部分，房仲業者抽5%手續費：

　　200萬日幣×5%＝10萬日幣

b. 200萬日幣以上～400萬日幣以下的部分，房仲業者抽4%手續費：

　　200萬日幣以上×4%＝8萬日幣

c. 超過400萬日幣的部分，房仲業者抽3%手續費：

　　1,600萬日幣×3%＝48萬日幣

所以a+b+c＝66萬日幣，再依計算出來的金額加計消費稅（1.08%）為71萬2,800日幣。

（若直接套入公式的話則是：2,000×3%+6＝66萬日幣，再依計算出來的金額加計消費稅（1.08%）為71萬2,800日幣，結果是相同的。）

★台日仲介費的差異

	日本	台灣
仲介手續費	中古屋仲介服務費買賣雙方均需支付，計算公式：最高 3%+6 萬（須加消費稅）。 預售屋/新屋買方不必付仲介費。	中古屋的仲介服務費： 賣方為 4%、買方則為 1 ～ 2%。 預售屋/新屋買方不必付仲介費。

中間省略登記

日本從過去實務上一直存在「中間省略登記」，意指在不動產交易時，Ａ賣給Ｂ，Ｂ再賣給Ｃ時，所有權的移轉順序為「Ａ→Ｂ→Ｃ」，但在登記時省略了Ｂ，直接登記Ａ移轉給Ｃ。「中間省略登記」的好處在於若登記Ａ→Ｂ，再登記Ｂ→Ｃ的話，就要繳２次登記許可稅，若直接登記Ａ→Ｃ，就只要繳１次。日本在實務上一直有這樣的操作，法院實務也同意若Ａ、Ｂ、Ｃ三者均同意的話，Ｃ可以直接要求Ａ為移轉登記（最高裁判所 1965 年 9 月 21 日判決）。若Ｂ沒有正當利益的情形下，不可要求塗銷登記，又Ｂ即使有正當利益，除Ｂ以外的第三者無權請求塗銷(最高裁判所 1960 年 4 月 21 日判決)。

但在 2005 年 3 月日本頒布施行新不動產登記法，依該新法規定，登記申請時必須添附「權利變動原因證明資訊」（登記原因證明情報）。依此，雖可以忠實反映權利移轉的變遷，但於事實上等於否認了「中間省略登記」。

因此於 2007 年 1 月 12 日，日本法務省民事局通知全國法務局，若是「因第三者而成立的買賣契約（第三人契約）的直接移轉登記」，或是「轉讓買方地位的直接移轉登記」，Ａ、Ｂ、Ｃ三者因而成立交易關係，可以承認直接登記Ａ移轉給Ｃ。此規定稱為「新中間省略登記」。可適用的情形有以下 2 種：

第一種：因第三者而成立的買賣契約的直接移轉登記

「第三人契約」係指Ａ與Ｂ間簽訂以第三人Ｃ取得權利為目的為內容的契約。符合下列具體要件，所有權由Ａ直接移轉給Ｃ，並將下記①〜④要件記載於「登記原因證明情報」後，即可由Ａ直接將所有權移轉登記給Ｃ。而採用此方式的話，一般上Ｂ、Ｃ間多會再另行簽訂就他人所有之物的買賣契約。

①Ａ、Ｂ間有約定「Ｂ支付完價金後指定所有權移轉對象，由Ａ直接移轉所有權給所指定之人」而成立買賣契約
②按約定Ｂ指定移轉所有權給Ｃ
③Ｃ對Ａ為「所有權移轉」受領的意思表示
④Ｂ支付全部的買賣價金給Ａ

第二種：轉讓買方地位的直接移轉登記

「轉讓買地位」係指移轉買賣契約上的買方地位。「買方地位轉讓契約」是Ａ、Ｂ、Ｃ 3 位當事人的所締結的三方契約，或是Ｂ、Ｃ間的地位轉讓契約經Ａ同意。符合下列具

體要件，所有權由Ａ直接移轉給Ｃ，並將以下①～④要件記載於「登記原因證明情報」後，即可由Ａ直接所有權移轉登記給Ｃ。以下為轉讓過程說明：

①Ａ、Ｂ間締結買賣契約

②Ｂ、Ｃ間簽訂Ｂ將①買賣契約的買方地位移轉給Ｃ的轉讓契約

③②的「買方地位轉讓契約」經Ａ同意

④Ｃ支付全部的買賣價金給Ａ

比較以上２種方式，第二種是由Ｃ承繼ＡＢ間的契約上地位，因此Ｃ可得知ＡＢ間的交易金額。相反的若採第一種方式，ＡＢ間的買賣與ＢＣ間的買賣是分別締結，因此ＡＢ間的買賣價金不須告知Ｃ，由此來看第一種的方式似乎較為實用。

因此，在「業者自售」交易型態上（參考P.15），不動產業者（即Ａ）即有可能以低價與原賣方（即Ｂ）成立第三人契約，不動產業者再作為賣方以較高價與買家（即Ｃ）另簽訂買賣契約，再由原賣方直接移轉建物所有權給買家，並從中賺取差價。這樣的不動產買賣交易行為在日本是允許的。但如第一章提醒大家的，依照台灣「不動產經紀業從事國外不動產仲介或代銷業務規範」（參考P.14）當中有規定，仲介業或仲介人員不得收取差價或其他報酬，在這一部分上，台日之間可以說有很大的不同。

法律關係圖

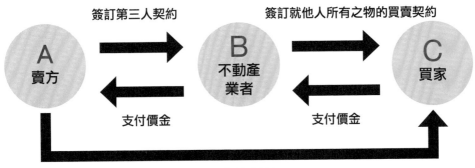

＊就他人所有之物的買賣契約：指此契約雖然存在於買家與不動產業者之間，但事實上業者並非所有權人，因此這是他人之物。意即，業者拿別人的房子來賣。

不動產購入時的各款項與繳納時間

　　購入不動產時所需繳納的各項稅費和繳納時間，十分繁瑣更不容錯過支付期限。以下將相關的所有稅及費用和其他款項，分別以支付時間的排列方式作總整理。

★不動產購入時的各款項與繳納時間表

支付時間	支付種類	支付項目	說明
買賣契約簽訂時	契約	簽約金	房屋價金的一部分（約10%）。
		印花稅	在日本不動產交易中，不動產買賣契約屬於徵稅文書。
貸款申請時	銀行貸款	貸款事務費	在日本銀行進行貸款時所需負擔的手續費，金額依各銀行而定。
		印花稅	與銀行簽訂貸款契約時，也要繳納印花稅，稅金則依貸款金額而定。
交屋、結算時		價金尾款	房屋價金的餘款。
		仲介費	不動產業者的報酬。
		司法書士費用	司法書士辦理所有權移轉登記等業務的報酬。
	銀行貸款	貸款保證金	日本的銀行對個人房屋貸款無須連帶保證人，但須向保證公司投保。金額依各銀行及貸款金額而定。
	保險費	團體信用保險費、生命保險保險費（一般情形包含在貸款中）	在日本的銀行貸款時必須加入保險。為確保貸款人若出現重大事故，無法償還貸款時，由保險公司償還剩下的餘款。一般算入貸款的還款金額中，無須另行現金繳納。
		火災保險費	對建築物所必須投保的保險，確保建築物遭遇火災後，不會造成貸款人沉重的債務。保險費依投保內容而定。

產權登記時	登記	登記許可稅	購買土地或建築物需進行所有權的保存登記時應繳納的稅金。
		登記費用	在建築物登記簿登載所產生的費用。
產權登記完成時	稅金	不動產取得稅	約正式取得房屋後 2~6 個月才會收到稅單。

台灣人可否貸款

在日居住的台灣人在日本是可以貸款的，但因日本銀行開戶不易，一般多由在日本的台系銀行提供貸款服務，包括台灣銀行、兆豐銀行、第一銀行、彰化銀行、中國信託商業銀行，以及近年進入日本市場的台新銀行以及玉山銀行。另外，日系銀行的東京之星銀行（東京スター銀行）與歐力士銀行（オリックス銀行）也有提供，且日系銀行的貸款利率較好，約落在 2.1% 多，台系銀行可能超過 2.7% 多，但還是要依照貸款的標的建物的狀況而定，而兆豐銀行、第一銀行、中國信託商業銀行則要求貸款的物件須超過 5,000 萬日幣。（銀行聯絡資訊見本書附錄）

❀ **日語關鍵字**

・ローン貸主：
房貸放款者

・借主：
借款人

・ローン完済費用：
房貸清償費用

・ローン諸費用：
房貸各項費用

購買不動產基本程序

選定房屋後，備好資金，一般而言到交屋為止會按著以下步驟進行。若不需要貸款的話，可以省略第二、四、五的步驟。

第一：申請購屋

房屋買賣，由交付購買申請書開始。當喜歡的物件決定好之後，要向仲介公司表明購買意願，此時需提出購買申請書。

第二：貸款事前審查

買賣價金中若有貸款的需求，可先向金融機關就該物件進行詢問跟申請事前審查，初步判斷有無貸款的資格，以及可能的借款利率。

第三：重要事項說明

所謂重要事項說明是指在簽約之前，對有關物件的文字描述等重要事項的說明。不動產交易時，宅地建物取引士必須進行重要事項說明。至於重要事項的內容，會在下一節作詳細說明（參考 P.56）。

第四：簽約

不動產買賣時會簽訂「不動產買賣契約」（參考 P.59），由買賣雙方簽名蓋章，且買方支付簽約金後契約即成立（簽約金約標的價金的 10%）。買方若無法到場，也可委託日本的律師代理簽約。

簽約時所需資料

台灣買家為了購買不動產而簽訂契約時，不能忘記應準備：

＊證明確為本人身分之有效證件（如身分證、護照）

＊印鑑：經登記的該印鑑

＊印鑑證明與戶籍謄本

＊簽約金

＊印花稅：黏貼印花稅票於契約書上

＊仲介服務費的一半金額（須另付消費稅）

　　辦理不動產移轉登記的時候，必須要以購買者的名義登記所有權。因此須提供印鑑證明與戶籍謄本做為必要文件。請至戶政事務所申請本人的戶籍謄本及申請印鑑證明各一份。這時請確認戶籍謄本是否經戶政事務所確認無誤並蓋章。此外，如果要以 2 人以上的名義登記，就必須備齊所有登記人的戶籍謄本及印鑑證明，否則無法辦理登記。

> 印鑑證明與戶籍謄本申請後，請至地方法院認證或委託民間公證人代為辦理公證→經公證或認證的印鑑證明與戶籍謄本，需再拿至外交部領事事務局認證→經認證的印鑑證明與戶籍謄本最後須交由日本經濟文化交流台北代表處認證。

第五步：貸款審查、融資確認

　　貸款銀行審查貸款申請約需 2 ～ 3 週。

第六步：簽訂金錢消費借貸契約

　　貸款資格審查通過後，與貸款銀行簽訂金錢消費借貸契約。

第七步：選定管理公司

　　買賣契約成立後，可以決定物件的管理公司（參考 P.79）。

第八步：支付尾款、交屋過戶

　　最後階段，買賣雙方進入支付尾款和辦理交屋過戶等事項，尚須確認交屋日期、支付尾款的流程以及支付尾款時所需準備的資料。

雙方決定交屋日

　　買方、賣方需要共同決定交屋日期並且謹記。

支付尾款的流程

　　地點一般選在銀行。

（1）受領所有權登記申請資料，若物件有擔保，也要取得塗銷擔保所需要的文件

（2）支付尾款

（3）固定資產稅等的計算（參考 P.74）

（4）交付其他各項費用

（5）若物件是附租約的，那就還要包括管理費和修繕基金的精算和支付、租金和押金的精算及移轉

（6）受領相關文件

（7）受領鑰匙

支付尾款時所需資料

以下是針對購買自用住宅之狀況，需要準備的資料。

＊證明本人身分之有效證件（如護照等）

＊尾款／仲介服務費尾款

＊登記手續費（包含登記許可稅以及司法書士的報酬）

＊固定資產稅／都市計畫稅、管理費等的分算金額

＊登記印鑑／印鑑證明書（設定抵押權等時需要）

買賣價金與權利移轉

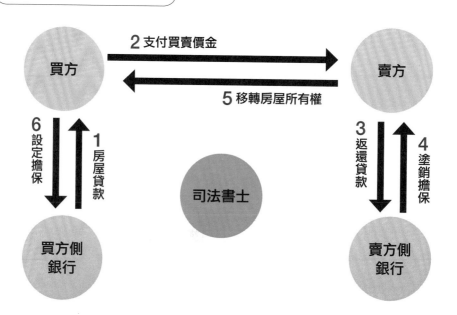

必須要的專家：司法書士

在日本有所謂的司法書士，負責法律書類的撰寫、進行小額訴訟等基本法律業務，還是代辦登記的專家。在不動產交易上，司法書士扮演很重要的角色，一般於交屋日當日，都會有一位司法書士作為公證的第三人在場，一方收受買方的尾款價金，一方收受賣方的房屋移轉文件，再由司法書士完成最後的手續，包括所有權保存登記、移轉登記、以及設定抵押權登記等，一般都會委託司法書士代為進行。因此在日本辦理房屋所有權登記等事項，除了登記許可稅、印花稅之外，還要考慮支付司法書士的費用。

🌼 日語關鍵字

- **買付申込書：**
  購買申請書

- **売買代金：**
  買賣價金

- **売買契約：**
  買賣契約

- **讓渡契約：**
  移轉契約

🌸 台日大不同

★申購方式、交易產權與預售屋 / 新成屋銷售方式比較

項目	日本	台灣
申購方式	填寫不動產購買申請書，無需支付幹旋金。	先收取幹旋金或要約書後，再作交涉。
交易產權	大部分為土地、建築物所有權買賣，近年來逐漸出現土地、建築物使用權的買賣。	大多為土地、建築物所有權買賣。
預售屋 / 新成屋銷售方式	分期公開銷售。有分「抽選」和「先着順」，抽選就是抽籤形式進行，不能議價亦無法加價；而「先着順」就是按照先來後到的順序，一樣不能議價。	交由業務行為進行銷售。

不能忽略的重要文件

　　選到了喜歡的房型，對於購置房屋的基本花費與流程也都有基本了解之後，就要來認識購買房屋時必定會遇到的重要文件了。購屋置產是人生大事，每一份文件都要仔細看清楚，才能確保自己的權益。

2種購屋時必須認識的文書

　　購買房屋時，「購買申請書」與「重要事項說明書」是必須認識的重要文書，看懂這2種文書的要點，下文皆有詳細說明。另外，本節也將介紹契約書當中的關鍵字，理解契約書的內容，買房時才不會吃虧。

購買申請書

　　在日本進行不動產交易，最先開始出現的文件，就是「購買申請書」（日語：購入申込書、買付証明書）。所謂購買申請書，是希望購買該物件的買家，對賣方提出的書面，除了特定欲購買的物件外，還會記載希望購入的價格等購買條件後簽名蓋章，在中古屋的交易上很常使用。而不動產的購買申請書，至少需記載下列事項：

①**物件的基本資料**

　　須針對特定欲購買的不動產標的。包括該物件的地址、面積、構造、名稱等。

②**欲出價的購買金額**

　　日本房屋的定價一般不可議價，在價格可以交涉的情形時，可以記載欲以多少金額購買。

③**貸款需求、融資特約的有無**

　　在出價金額當中，需要記載有多少是需要融資的部分。此外在需要貸款的情形，有時會在契約中載明若未順利取得貸款則解除契約的「融資特約」（參考 P.63），這樣的要求必須特別註明，因為在某些條件好、報酬率高的物件，因競爭者多，就可能會拒絕需要花費時間貸款或有「融資特約」要求的買家。

④簽約金金額

購買申請書中必須載明簽約金金額。

⑤有效期限

該購買申請書的有效期限。

購買申請書是很特別的日本交易習慣，可以把它想像成是對賣方提出購買的意願，在契約作成之前提出，目的是為了確認買家與賣方雙方的賣買意思，以促進交易能夠順暢的進行，日本是個講究信任的民族，此時並不需要支付任何斡旋金。並且，購買申請書其實在法律上不具備任何效力，提出購買申請書的買家並不會因此負擔任何義務，同樣的也不能因此主張買賣契約已經成立，要求賣方承擔賣出的義務。

因此，在買賣契約簽訂前買家仍可以取消購買申請書，並不會因此受到任何處罰，惟若太過頻繁草率的取消購買申請書，很容易因此失去信用。此外，在有複數的買家的時候，如果提出的條件差不多，通常給予優先提出購買申請書的買家優先的順位（順序優先），或是由提出的購買價格較高的買家優先（金額優先）。

■購買申請書範本

年　月　日

不動産購入申込書（買付証明書）

_____御中

（購入申込者）
住　所 _____

氏　名 _____㊞

私は、貴社より紹介を受けております後記記載の不動産を、下記条件にて購入することを申し込みます。
（本書の有効期限　　　年　月　日）

記

1　購入価格および支払条件

購　入　価　格				円
（内消費税額）			（	円）
手　付　金				円
中間金（第1回）	年	月	日　迄に	円
中間金（第2回）	年	月	日　迄に	円
残　代　金	年	月	日　迄に	円

2　融資利用　（無　） 円

3　契約締結予定日　年　月　日

4　引渡し希望日　年　月　日

5　そ　の　他

【不動産の表示】

1.　土　地
　　所　在
　　地　番
　　地　目
　　地　積

2.　建　物
　　家屋番号
　　構　造
　　床面積

※本書は売買契約書ではありません。売主の応諾が得られ次第、売買契約を締結していただきます。

Copyright (C) All Japan Real Estate Federation - Kinki Distribution Center. All rights reserved.

重要事項説明書

　　所謂重要事項說明，是指在簽約之前，對交易物件有關的重要事項的文字描述等的說明，按日本宅建業法課予業主對買家要為重要事項說明的義務。一般來說，重要事項說明書的確認應在契約簽訂之前，就內容說明並理解，再擇日簽訂契約。但現在日本實務上的通例，都是將重要事項說明書的確認與買賣契約的簽訂安排在同一天進行。

　　按照日本的宅地建物交易法的規定，原則上由賣方或是買方的不動產仲介業者所屬的「宅地建物取引士」對重要事項說明書內容朗讀並口頭說明，而在重要事項說明書中，應載明登記簿上的權利關係、不動產物件說明、款項的收付方式、如要解約時的相關規定等。當中包含許多法律等的專業內容，對於不熟悉相關規定的買方容易產生疑惑，如果有不明白的地方，務必要確認清楚。

　　在說明完畢之後，買家若對內容全部了解，要在重要事項說明書上簽名蓋章，因簽章後即代表買方已完全了解並接受，因此如果有不清楚的地方或有當天無法解決的事項，可以拒絕簽字，待釐清後再進行。尤其台灣買家大部分都不具備閱讀日文書面的能力，切記要求仲介業者協助提出中文書面，最好是能夠在簽約日前取得包括重要事項說明書以及買賣契約書等的中文譯本，好在事前就重要的內容作標記或提出質疑。

　　最千萬要注意的是，一定要避免簽約日當天才看到契約書以及重要事項說明書，還只有日文版本，僅透過臨時找來的翻譯當場就宅地建物取引士的口頭說明以及契約內容作翻譯，不僅翻譯是否 100% 精確尚有疑問，無法事前作好準備或謹慎思考下，也可能在簽約當日就被趕鴨子上架勉強簽下契約，不動產交易金額都不是小數目，這樣的情形絕對要避免。

★重要事項說明書應確認重點

項目	內容	✓
物件本身	是否與登記事項證明書上所載的基本資料相同？	
	賣方的記載，包括姓名、住所、以及權利事項等，與登記事項證明書是否相符？	
	物件有無被設定抵押？	
	房屋是否被占有中？有無租賃關係的存在？	
	耐震基準有無問題？	
	確認是否在受災的警戒區域？	
	自來水、水電、瓦斯、排水等設備有無問題？	
有無法令限制	按都市計畫法與建築基準法有無建築上的限制？建物有無違反現行法令的情形？	
	不動產交易法的相關規定	
區分公寓大廈的情形	關於土地持分等權利有無問題？	
	共有部分區域使用規約的內容	
	管理公司的委託狀況？	
	管理費與修繕基金的內容與使用	
	賣方有無積欠管理費與修繕基金的情形？	
契約條件	契約解除的相關約定	
	簽約金的性質、額度、支付時間	
	買賣價金的記載（包括該物件的總價、消費稅額等）	
	價金以外的其他稅費，包括固定資產稅、都市計畫稅、管理費、修繕基金的清算金額等	
	契約解除時的損害賠償額預定、或違約金的約定	
其他	瑕疵擔保責任的範圍	
	有無融資特約	
	房屋貸款相關資料，包括金融機關名稱、金額、利率、期間等	

■重要事項説明書範本

重要事項説明書
（売買・交換）
（第一面）

年　月　日

殿

下記の不動産について、宅地建物取引業法（以下「法」という。）第35条の規定に基づき、次のとおり説明します。この内容は重要ですから、十分理解されるようお願いします。

商号又は名称
代表者の氏名
主たる事務所
免許証番号
免許年月日　　　　　　　　　　　印

説明をする宅地建物取引士	氏　名	印
	登録番号	（　　　）
	業務に従事する事務所 電話番号	（　　　）　－

| 取引の態様（法第34条第2項） | 売買　・　交換 |
| | 当事者　・　代理　・　媒介 |

土地	所在地	
	登記簿の地目	面積 登記簿面積 ㎡ / 実測面積 ㎡
建物	所在地	
	家屋番号	床面積 1階 ㎡ / 2階 ㎡ 計 ㎡
	種類及び構造	
売主の住所・氏名		

（第二面）

I 対象となる宅地又は建物に直接関係する事項
1 登記記録に記録された事項

		所有権に関する事項（権利部（甲区））	所有権に係る権利に関する事項	所有権以外の権利に関する事項（権利部（乙区））
土地	名義人 氏名			
	住所			
建物	名義人 氏名			
	住所			

2 都市計画法、建築基準法等の法令に基づく制限の概要
（1）都市計画法・建築基準法に基づく制限

1 都市計画法	区域の別	制限の概要
	市街化区域 市街化調整区域 非線引区域 準都市計画区域 その他	
2 建築基準法	イ 用途地域名	制限の内容
	ロ 地域・地区・街区名等	制限の内容
	ハ 建築面積の限度（建蔽率制限）	（敷地面積 ㎡－ ㎡）× ＝ ㎡
	ニ 延建築面積の限度（容積率制限）	（敷地面積 ㎡ ㎡）× ＝ ㎡
	ホ 敷地等と道路との関係	
	ヘ 私道の変更又は廃止の制限	
	ト その他の制限	

讀懂契約書的關鍵字

不動產交易是以契約來進行。所謂契約，是指當事人間為發生法律上的效果而達成意思合致，一般以口頭約定即可成立，法律上稱為「諾成契約」。但是，若僅以口頭約束，契約的有效性及內容很容易發生爭議，因此為了避免後續發生問題，尤其像不動產這樣金額較大的交易，一般多會簽定契約書面。簽訂不動產買賣契約後，雙方即須履行契約上記載的權利和義務。違約時，有時需要支付違約金，因此契約的內容影響甚大，也含有大量的法律術語，如何約定以及如何讀懂契約的內容就變得非常重要。

①主要內容

首先介紹契約書的結構，先讓大家認識契約書主要會有哪些內容。

★契約主要內容（具體內容參閱附錄「不動產買賣契約書」）

	內容
表題	契約的樣式（例如：不動產買賣契約書）
前文	表明契約的當事人（通常以甲方、乙方表明）、契約概要
本文	主要的契約內容（發生的債權關係），包含主要條件以及一般條件
後文	表明作成契約書的份數、持有契約的當事人基本資料
日期	契約書簽定日期
簽名蓋章	契約雙方當事人簽名蓋章

＊蓋章的意義

在日本印章不同的押印處有不同意義，可以的話親自為蓋章的動作。另外契約的更正也可以用訂正印的方式當場作手工更改，但雖然有經過押印還是很容易事後偽造變更，因此盡可能還是重新製作一份契約較為安全。

1.**割印**：相同契約有兩份以上時，為證明兩份契約內容相同會重疊後再交界處蓋上割印。

2.**契印**：兩頁以上的契約，會在接連頁數的交界處蓋上契印，以證明該上下頁數為連續。

3.**訂正印**：契約內容有手動更改的情形時，在該更改處要蓋上訂正印。

4.**簽名印**：契約的最後雙方要簽名、蓋章，契約才會正式生效。

5.**消印**：在印花稅票與契約書面的重疊處上蓋上消印，防止該印花稅票再被利用。

■用印範例圖

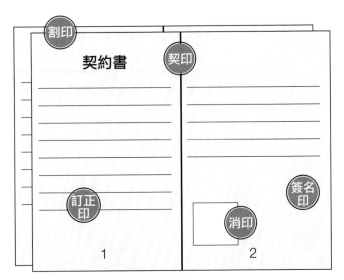

②重點注意

　　大概了解契約書擁有哪內容之後，下表就要告訴大家，審讀契約書時需要注意哪些重點。

★審讀契約一定要注意的重點

項目	確認重點		✓
當事人	買方賣方的姓名、地址有無正確		
標的	不動產資訊有無正確記載（所在地、地號、面積、建物面積）		
買賣價金	價金的總額、簽約金、尾款的交付金額與時期		
交付日	物件交付時期、所有權移轉時期		
不動產登記	登記時期、登記費用負擔		
土地	實測面積、地價		
房屋貸款	若房屋貸款失敗的對應措施		
不可抗力	因不可抗力造成物件損害的對應		
契約解除	法定解除事由	法律上所承認的契約解除事由，例如債務不履行（意即沒有履行契約上的義務）、隱蔽物件瑕疵等情形，一般須經催告（意即通知對方後經過一定時間）後才可以解除。	
	約定解除事由	當事人自行約定可以解除契約的條件，例如沒收簽約金後即可解除契約等。	
損害賠償	債務人若沒有履行契約上義務，而造成債權人發生損害，債權人可以請求債務人賠償。		
違約金	契約解除時，或有發生損害賠償時，雙方可以直接約定違約金。		

瑕疵擔保責任	物件若有瑕疵時由誰負責、由誰處理	
稅費	劃分固定資產稅、都市計畫稅以及其他費用的負擔責任	
特約	排除黑社會介入的條款，這樣的特約在日本很常見。	
其他	與重要事項說明書有無不同的地方	
印花稅票	確認有無確實貼上印花稅票。一般來說一式兩份的契約書在兩份契約上都要貼上印花稅票，但有時為節省印花稅，僅製作一份原本由買方持有，賣方則持有原本的影本。	

🏵 日語關鍵字

- 売買契約書：
  買賣契約書

- 当事人：
  當事人

- 買主：
  買方

- 売主：
  賣方

- 売買代金：
  買賣價金

- 手付金：
  簽約金

- 決済日：
  交屋日

- 署名：
  簽名

- 捺印：
  蓋章

- 買付申込書：
  購買申請書

- 申込証拠金：
  購買證明書的提出證明金

- ローン特約：
  融資特約

- 瑕疵担保責任：
  瑕疵擔保責任

③比較重要事項書明書與買賣契約書

　　讀懂契約書的最後一步，接著比較重要事項說明書與不動產買賣契約書的差異，兩者的目的與條件都不同，詳見下表。

★重要事項書明書與買賣契約書的差異

	重要事項説明書	不動產買賣契約書
目的	讓買方能清楚物件的相關重要事項	買家與賣方間成立物件買賣契約的書面
條件	必須有宅地建物取引士的説明	不須宅地建物取引士的説明
可否取消交易	・原則上可以取消 ・與購買證明書一併提交的提出證明金原則上可取回	・因買方的緣故而取消時，不返還簽訂契約時已繳交的簽約金 ・依契約內容可能須支付違約金

🏛 法律小常識

以下分成「含土地所有權的建物買賣」、「解除不動產契約」及「瑕疵擔保責任」3個部分，來跟大家介紹買房時應注意的法律問題。

含土地所有權的建物買賣

在進行含有土地所有權的建物買賣時，因在法律上土地與建築物分屬各別的不動產，具有各別的所有權，因此在購買房屋時，尤其是一戶建的情況下，更要注意土地方面的所有權狀態。

①確認所有權人

首先，應確認土地與建築物是否屬同一人所有。在土地所在的法務局（登記處）可以申請到土地登記事項證明書以及建物登記事項證明書（參考 P.35），在登記書上的甲區一欄可以查到所有權人是否為同一人，來確定賣方是否為有權移轉土地與建築物的所有權人。

②確認有無設定擔保

土地或建物任何一方有設定抵押權時，若買方在抵押權設定的狀態下購入，則買方無法對抗該抵押權人，抵押權會隨同物件一起移轉。最常見的問題就是該抵押權人如主張抵押權的話，土地或建物會遭拍賣，則土地與建物的所有權分離的情形很常見。

依日本民法的規定（第388條），建物的買受人對於建物所在的土地具有法定地上權，若建物經拍賣而遭他人取得所有權的話，則該他人也同時取得土地的地上權，該土地的所有權人即使擁有所有權，也陷入無法使用土地的狀態。若購買的物件是土地已遭設定抵押，則需要判斷該建物是在土地設定抵押之前或之後。若是在土地設定抵押之後才建造

的房屋，土地遭拍賣的話，該拍賣取得土地的買受人有權要求拆屋還地。因此，不管是土地還是建物本身如果在買賣前即已設定抵押，對買受人的影響甚鉅，絕對要謹慎小心。

③土地登記面積與實際面積有誤差時

在日本，因過去測量技術不發達等原因，可能會出現登記的土地面積與實際的土地面積有差異的情形，因此買賣契約簽訂後發現實際面積有差距時，能否變更買賣價金就要看契約如何約定。例如，契約上如載明買賣標的面積以登記面積為準，則即使登記面積與最後的實測面積不同，買方也不得要求賣方重新計算價金。因此，在交易時，標的面積是以登記面積為準，還是以實測面積為準，以及若面積有差距時價金要如何處理，在買賣契約上最好要清楚約定。

解除不動產契約

不動產買賣契約是依法律規定所做出的約定，因此對契約當事人雙方均有約束力，一旦簽訂後即很難簡單地解除，必須符合一些條件。

★解除不動產契約原因與影響

解除原因		解除效果
歸因買方		簽約金具有解約金性質，若於契約成立後不動產交付之前買方欲解除契約，須放棄簽約金才可解除。 若該物件還有經過整修或其他裝潢，可能還需額外支付違約金及損害的賠償。
歸因賣方		賣方欲解除契約的話，必須支付雙倍的簽約金才可解除。 若因此造成買方的損失，買方還可以再請求損害賠償。
因契約違反		買方或賣方任何一方違反契約上所約定的義務，而造成不動產買賣契約的目的已然不能達成時，不論有無經過一定期間的催告，另一方均可要求解除契約。
契約明確約定可解除的事由	融資特約	若雙方有約定貸款失敗即解除契約的特約的話，則申貸失敗時可解除契約並能要求返還簽約金的特約。
	買換特約	買方要先賣掉自己現有的房屋，再將該賣得的錢用來支付新購屋的價金的話，買賣雙方可以在契約中約定若買方沒有辦法成功賣掉現有房屋，則可以解除新屋買賣契約的特約。若有這樣的特約，而買方確實因無法賣掉現有舊屋而欲解除契約，則買方仍然可以要求返還簽約金。

瑕疵擔保責任

瑕疵擔保責任是指，買賣物件存在買方容易忽略、無法馬上發現的瑕疵（缺陷）時，要求賣方仍應負擔的責任，但須以交屋時即已存在的瑕疵為前提，賣方負修補的責任。在不動產買賣契約上多會明文約定責任人以及請求期間，但是為了更確實保護買方，日本相關法律上有明確要求請求的最短期間。

★瑕疵擔保責任請求期間的最短限制

依據法律	適用特別要件	請求期間最短限制
民法	-	瑕疵發現後 1 年之內
宅建業法	賣方為不動產仲介業者時	物件交付後 2 年以上
促進住宅品質法（日語：住宅の品質確保の促進等に関する法律）	買賣標的為新屋時	物件交付後 10 年以上（住宅的主要部分）

 # 在日本如何擁有不動產

辦理了過戶之後，就正式擁有了一間屬於自己的房子，但是，實際上如何「擁有」，房屋的所有權是如何從前屋主或所屬建商轉移到自己的名下呢？第二章最後一小節，就要來介紹如何「擁有」日本不動產。

交屋時該注意什麼？

經過一連串繁複的程序之後，終於來到交屋的時刻，日本不動產產權移轉的規定與台灣大不相同，還有一些特別的制度，本節都將一一介紹。接著，也一併提醒大家確認屋況時需要注意的事項。

日本不動產所有權移轉

依日本民法，買賣契約的標的物所有權移轉，是在契約成立的時候，或是雙方共同約定移轉的時候。舉例來說，去買衣服，當決定要買、店家也決定要賣而結帳時，衣服的所有權也同時移轉。這個觀念跟台灣比較不一樣，依台灣民法所有權移轉除了契約成立之外，還需要一個公示的動作，也就是讓外界可以知道的動作，例如在動產的交易時，要有交付的動作，如上述例子，買衣服要有交給客人衣服的動作，那件衣服的所有權才會移轉。至於不動產則不同，在台灣不動產必須要經過登記，在登記完成的那一刻，不動產所有權才得以移轉。

因此，在日本要擁有不動產也就是取得所有權僅需要契約成立，登記只是「對抗要件」，對抗要件白話一點的說法就是經過登記後就可以對抗其他人的要件。以房屋買賣為例，在日本於契約成立時，或是雙方約定的時間點，房屋的所有權就移轉了，買方在法律上就已經擁有該房屋，但仍必須要去辦理登記，因為登記完成後若有其他人主張自己才是房屋的所有人的話，就可以依登記的內容對抗他。而不動產登記所需書面文件如下：

1.登記申請書：一般由司法書士製作。

2.**登記原因證明資料**：例如登記如果是因為買賣而移轉房屋所有權，就要附上買賣契約書。

3.**個人資料證明書**：非日本人的話需提供經公證與認證的戶籍謄本。

4.**印鑑證明書**：同樣需經公證與認證。

5.**委任狀**：委任司法書士代為申請的委任書。

①不動產移轉規定的風險

這樣的所有權移轉制度在不動產的交易上是存在風險的，因為不動產買賣的標的金額比較大，買方一般很難在契約成立的同時支付所有的價金，還需要透過房屋貸款等手續後分批繳付。若依照日本民法規定，契約成立時所有權即可移轉，就會形成買方還沒有付完全部的價金，賣方的不動產所有權就已經移轉給買方了。因此不動產的交易雙方大多會約定所有權移轉的時點，也就是在契約上約定並非契約成立時就移轉，而是交屋日買方付清所有價金時所有權才移轉。

此時，又會發生另一個問題，就是不動產登記雖然只是對抗要件，但即使買方已經取得不動產所有權，在登記完成前如果賣方又與其他人成立交易並完成登記，還未登記的情況下原買方也沒有辦法對抗他人，最終只能向賣方請求返還價金與賠償，但這可能還需要經過漫長的訴訟等救濟程序才能取回當初付出的金錢，對買方來說其實承擔非常大的風險。因此最理想的狀態就是買方支付房屋價金給賣方的時候，房屋的所有權同時移轉並且辦理好所有權移轉登記給買方，這才是對雙方來說最有保障的方式。

②解決辦法

上述理想的操作方式，從實務上來說是不可能的，因為不動產移轉登記通常申請後要經過一星期以上到十幾天的時間才會完成，因此很難想像支付房屋價金與完成移轉登記可以同時達成。在這樣的情形下，日本的實務發展成透過公正的專業人士，也就是「司法書士」來介入交易的進行。

如前面所提到的（參考 P.53）司法書士是辦理登記的專家，而辦理登記需要交付很多重要的文件，必須要選擇值得信賴的人。為應付上述的問題，日本的實務操作是要求在交屋日（也就是買方於付清尾款之日）司法書士必須要在場，一般會在銀行進行，買方當場將尾款匯給賣方，確認收款之後，由司法書

士根據登記所需要的書面做當場確認。如果書面確認沒有問題的話，由司法書士宣告申請可以完成並收下全部的申請所需資料，此時所有權移轉給買方（並非辦理所有權登記後才移轉）。

司法書士辦理程序圖

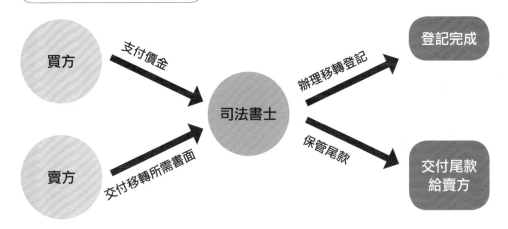

買方 ——支付價金——→ 司法書士 ——辦理移轉登記——→ 登記完成

賣方 ——交付移轉所需書面——→ 司法書士 ——保管尾款——→ 交付尾款給賣方

③假登記

日本法律上有一種假登記的制度，相對於假登記，可以稱完整的登記程序為「本登記」。本登記與假登記差別在於，一般的不動產登記都是指申請條件均已完備的狀態下所進行的登記，包含程序上的條件以及實體上的條件。程序條件舉例來說，例如需簽訂好不動產的買賣契約書，實體條件例如買方（即申請人）確實移轉取得該不動產。事實上，不一定每個登記在申請時都能同時具備程序上以及實體上的條件，這時候就需要利用假登記的制度。

假登記在法律上欠缺本登記所有擁有的對抗效力，因為它畢竟還缺少部分條件，不算登記完成，但它的好處在於可以保障登記的順位。登記的順位在法律上具有重要的意義，尤其在「抵押權」這樣的擔保權利上，因為它會影響將來抵押物拍賣時，可以取得拍賣所得價金的順位以及額度。因此若買方有透過銀行借貸，對銀行而言該房屋設定抵押權的順位就很重要，就有可能會有利用到假登記這個制度，因此對於假登記還是具備一些基礎的知識較好。

另外，對於假登記還有一點要明白的是，假登記後若欠缺的條件已經完備，就要馬上提出申請將假登記轉換為本登記，也就是正常的登記，這樣才能確保

有對抗其他第三人的效力。但需要注意的是，從假登記轉換為本登記時，若已經存在其他有利害關係的第三人，例如有順位在後的已經登記的抵押權人存在時，轉換的時候必須經過該利害關係的第三人的同意，也就是申請時必須提出該第三人的承諾書以及印鑑證明書，這是為了避免有人濫用假登記而侵害第三人權利。但若無法取得該第三人的同意的話，就需要透過對該第三人提出訴訟等方式取得判決書後申請。

相對而言，假登記因仍存在權利變動的風險，例如所有移轉登記的假登記如果申請成為本登記後，該登記的所有權人取得對抗效力，在他後面順位的所有權人登記均會被塗銷，因此在選擇買賣的物件時，對於已經有假登記的房屋應盡量避免。

確認屋況

為了防止交屋後產生糾紛，買賣雙方針對物件的狀態應該進行最後的點交。物件點交有幾項重點：

■附屬設備表範本

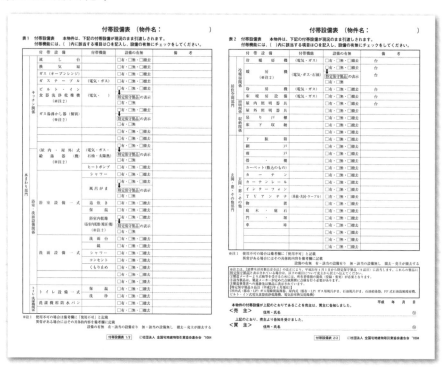

①確認房屋和附屬設備表的內容是否一致

附屬設備是指可以跟建物本體區隔，為了使建物能有效提供居住機能的設備，例如給水設備、衛生處理設備、中央空調、電線配置、照明等設備。在簽訂買賣契約時，要同時交付附屬設備表載明各項設備的有無、性能等，附屬設備表所記載的狀態，並非買賣契約成立的時點，而是交屋時的狀態，如果在交付時會被拆除或撤走的設備，就要誠實的記明「無」。若交屋時設備並不具備附屬設備表上所寫的性能狀態，則賣方就負有自費修理設備的義務。

②確認和不動產現況報告書的記載內容是否一致

在購買中古屋的場合，簽訂契約書時賣方要一併交付不動產現況報告書，以確實說明建築物現時點的狀態，例如有無漏水、供水排水系統故障等情形、耐震的診斷結果、木造屋是否已受白蟻侵蝕或主結構木材有無腐蝕等，都要詳實寫明。

若有隱匿，賣方不僅負有瑕疵擔保的責任，違反清楚告知的說明義務也有可能造成契約解除，並負擔損害賠償的責任。因此，買方交屋時也要確實確認屋況與不動產現況報告書的記載內容是否一致，避免後續發生爭執。

■不動產現況報告書範本

・白アリ被害： 白蟻侵蝕	・水漏れ： 漏水	・地盤沈下： 地盤下陷
・傾き： 傾倒	・給排水施設： 供水設備	・騒音： 噪音
・腐食： 腐蝕		

③和鄰居的土地界線劃分是否明確

交屋時，也務必確認所購買的房屋，和鄰居之間的具體界線劃分是否明確，以降低未來發生土地糾紛的機率。

④有無第三人事實上已占有並使用該房屋

花錢購買的房屋，若被其他人佔有或使用，就是大大損害了買方的權益，因此，雙方交屋時，也要移並確認房屋是否有其它第三人佔有或使用。

日本與台灣交屋狀況比較

在日本，無論是新建成的新屋交屋，或是中古屋的空屋交屋，狀況都與台灣有所不同，差異之處詳見下表。

★台日交屋狀況比較表

	日本	台灣
新屋交屋	日本新屋大多有基本的最基礎的裝潢。例如櫥櫃、系統廚具等。	如果沒有特別約定，買家可能需要自己進行裝潢。
空屋交屋	中古屋買賣常常是在有租客入住的狀態下進行交易，移轉所有權時房屋的租賃關係也會隨同移轉。新屋主不需再找人承租，但同樣地也無法輕易解除租賃契約收回房屋。	大部分是空屋交易，少數是有承租人的情況下進行買賣，但如果有承租人，租賃關係也是隨同買賣一起移轉給買方繼承。

🏛 法律小常識

非居住於日本的人，須要在取得不動產相關權利時，向日本銀行（日本的國家銀行）進行報告的手續。

需要報告的人

以下有 2 種類型的人須要對日本的國家銀行報告：

①非居住者取得日本不動產（包含繼承和受贈）。

②非居住者取得日本不動產的相關權利（租賃權、地上權、抵押權等）。

例外不需要報告的情況

以下為不需要向日本銀行報告的情況：

①非居住者本人或其親屬或其從業人員因居住的目的而取得。

②在日本進行非營利事業，為了該事業而取得。

③作為非居住者本人的事務所而取得。

④從其他非居住者手中取得。

報告的期限

為取得後的 20 日內。

■取得不動產相關權利的報告書

別紙様式第二十二

根拠法規：外国為替の取引等の
報告に関する省令
主務官庁：財 務 省

本邦にある不動産又はこれに関する権利の取得に関する報告書

財 務 大 臣 殿
（日本銀行経由）

報告年月日：＿＿＿＿＿＿＿＿＿＿
報告者：
氏名又は名称及び
代 表 者 の 氏 名＿＿＿＿＿＿＿＿＿
国　　　　　　籍＿＿＿＿＿＿＿＿＿
住所又は所在地＿＿＿＿＿＿＿＿＿
職 業 又 は 業 種＿＿＿＿＿＿＿＿＿
代理人：
氏名又は名称及び
代 表 者 の 氏 名＿＿＿＿＿＿＿＿＿
住所又は所在地＿＿＿＿＿＿＿＿＿
職 業 又 は 業 種＿＿＿＿＿＿＿＿＿
責任者記名押印又は署名＿＿＿＿＿＿
担当者の氏名（電話番号）＿＿＿＿＿

1 取得の態様 （該当分に○）	イ 購入　　ロ 抵当権設定　　ハ 賃借（ 始期 終期 ） ニ その他（具体的に記入すること。）
2 不動産の内容 （該当分に○）	イ 土地（面 積　　　　　　m²） ロ 建物（延面積　　　　　　m²） ハ その他
3 不動産の所在地	
4 取 得 年 月 日	
5 取 得 の 対 価	

（記入要領）
1 西暦により記入すること。
2 「責任者記名押印又は署名」欄には、報告の提出について授権された者が記名押印又は署名すること。
3 「5 取得の対価」欄には実際の取引通貨をもって記入することとし、「1 取得の態様」欄において「ロ 抵当権設定」に該当する場合には抵当権設定により担保される金額を、「ハ 賃借」に該当する場合には一定期間における賃借料及び当該期間をそれぞれ次の例にならってかっこ書すること。
（例：（担保される債権の額 １００万米ドル）、（賃借料 １００万円／月））

（日本工業規格Ａ４）

SALON

RANGEMENT TABLETTERIE

CUISINE

PLAN DE TRAVAIL

REFRIGERATEUR

RANGEMENT PENDERIE

第三章 用房篇

經歷了一番挑選、比較，終於買到符合自己期待的房子，這時候就要考慮房子是要自己住、轉手賣出賺錢還是整理好開民宿呢？無論房子要做為哪種用途，都有許多應注意的地方，第三章就要來為大家一一介紹，自己住有哪些必要開銷、賣房子需要注意什麼事項以及如何成為民宿老闆。

 # 購置房產自己住

台灣買家在日本購買不動產，最單純的情況就是買作為自住用。在日本擁有一間房子，對於時常到日本出差、度假，或是在日本工作的人們而言十分方便，若有台灣朋友到日本玩，也可作為招待。

順利購屋之後

除了本身應負擔的房屋貸款外，在日本持有房屋還需要繳納什麼稅費，以及其他的必要開銷，都是在日本買房時必須知道的。另外，本節也將介紹日本特有的「管理公司」，還有大家都想知道的簽證問題。

稅金

以下整理就持有房屋時，以及長久持有房屋後發生遺產繼承或贈與他人的情況時，必需負擔的稅金的說明。

★稅金種類說明表

條件	稅費種類	說明	稅率計算
持有不動產時	固定資產稅	固定資產稅、都市計畫稅是在日本擁有不動產者，每年必須要繳納的國稅，由各市區町村的課稅單位計算稅額，通知納稅義務人應繳之稅額，由納稅人自行繳納。因是向每年 1 月 1 日當天之不動產所有人課徵，因此 1 月 2 日以後成為所有人時，雖然不是該年度的納稅義務人，買賣雙方仍可依商業習慣的結算日，按照天數比例精算繳稅額。另外固定資產稅、都市計劃稅，是以固定資產稅評估額為課徵標準來計算，固定資產稅評估額每 3 年調整 1 次。（參考 P.42）	固定資產稅評估額 × 1.4%（標準稅率）
	都市計畫稅		固定資產稅評估額 × 最高 0.3%（上限稅率）

	住民稅	原則上是針對 1 月 1 日當時之居住地所課徵的稅金，只有日本的人才要繳的稅，因此台灣買家若為居留日本未滿 1 年的非在日定居的外籍人士，則為非課稅對象，不需要繳納住民稅。	所得 × 10%
發生繼承時	遺產稅	遺產稅是指向因人的死亡而發生繼承財產或者接受遺贈而取得財產的人徵收的稅金。 為了調整每個人的資產差距，當取得超過特定金額的財產時，就要從該財產中課徵特定額度的遺產稅。日本非居住者在日本所持有的不動產也適用遺產稅。 在確知被繼承人死亡的翌日起 10 個月內要向轄區稅務署提出申報。	• 稅率＝課稅標準金額的 10% ～ 55%（參考 P.76 遺產稅稅率表） • 課稅標準金額＝評價額－扣除額 • 扣除額＝ 3,000 萬日幣 +（60 萬日幣 × 法定繼承人數）
贈與時	贈與稅	贈與稅為獲贈財產時向受贈人（包括非居住者）課徵的稅金，包括無償獲得土地、建物等不動產或是車輛等資產時，以及受贈用於購置不動產的資金等，均需要繳納贈與稅。 被課徵贈與稅者要將每年 1 月 1 日起至 12 月 31 日止，1 年間獲贈的財產總額，於翌年 2 月 1 日至 3 月 15 日之間申報繳納贈與稅。	• 稅額＝課稅價格 × 稅率－扣除額（參考 P.77 贈與稅稅率表） • 課稅價格＝贈與財產金額－ 110 萬日幣（基本扣除額）

①遺產稅

以下介紹遺產稅的稅率以及計算方式。

★遺產稅稅率表（2018 年 12 月現時點為準）

繼承淨額級距（單位：日圓）		稅率	扣除額（速算）
以下～	10,000,000	10%	0
10,000,001 ～	30,000,000	15%	500,000
30,000,001 ～	50,000,000	20%	2,000,000
50,000,001 ～	100,000,000	30%	7,000,000
100,000,001 ～	200,000,000	40%	17,000,000
200,000,001 ～	300,000,000	45%	27,000,000
300,000,001 ～	600,000,000	50%	42,000,000
600,000,001 ～	以上	55%	72,000,000

＊遺產稅計算說明

假設有不動產要被繼承，其土地評價額是2億日幣，建築物評價額是5,000萬元，被繼承人沒有其他財產，繼承人為妻子與子女共5人繼承，那課稅金額的計算方法是：

> 2億5,000萬－基礎扣除額3,000萬＋600萬×5＝1億9,000萬，
> 算出1億9,000萬日幣的課稅標準金額，對照速算扣除額為1,700萬日幣，
> 因此1億9,000萬－1,700萬＝1億7,300萬。
> 課稅金額17,300萬日幣的稅率是40%，
> 所以算出應課徵的遺產稅是1億7,300萬日幣×40%=6,920萬日幣。

②贈與稅

贈與稅的稅率如下表。

★贈與稅稅率表（2018 年 12 月現時點為準）

贈與淨額級距（單位：日圓）		稅率
以下 ~	2,000,000	10%
2,000,001~	3,000,000	15%
3,000,001~	4,000,000	20%
4,000,001~	6,000,000	30%
6,000,001~	10,000,000	40%
10,000,001~	15,000,000	45%
15,000,001~	30,000,000	50%
30,000,001~	以上	55%

③稅費計算評價額

　　日本在遺產稅、贈與稅的計算上，土地通常是使用「路線評價額」來計算，建築物則都是以「固定資產稅評價額」（參考 P.42）來計算。

　　而土地的評價，通常有「時價」、「公示價格」、「路線評價額」和「固定資產稅評價額」4 種，如下：

★土地評價種類表

種類	與時價相比的比例	說明
時價	100%	實際買賣成立時的價額
公示價格	90%	國土交通省每年所公布的全國標準價格，作為土地交易的指標。
路線評價額	70 ~ 80%	國稅廳每年所發表的價額標準，多作為遺產稅、贈與稅的計算基礎。
固定資產評價額	60 ~ 70%	市區町村公所每 3 年算定 1 次所公開的價格，用於固定資產稅、不動產取得稅的計算。（參考 P.42）

④繳納稅金義務

認識了稅費總類及計算方式後，下表將介紹什麼情況應繳納哪些稅費。

★應繳納稅金總表

稅金種類		取得時			持有時	處分時	主管單位
		買賣	贈與	繼承			
國稅	登記許可稅	○	○	○	×	×	法務局
	印花稅	○	○	×	依條件課稅	○	稅務署
	消費稅	○	×	×	依條件課稅	○	
	所得稅	×	×	×	○	○	
	遺產稅	×	依條件課稅	○	×	×	
	贈與稅	×	○	依條件課稅	×	×	
都道府縣稅	不動產取得稅	○	○	×	×	×	都道府縣稅事務所
	住民稅	×	×	×	○	○	
市町村稅	固定資產稅	×	×	×	○	×	市町村公所
	都市計畫稅	×	×	×	○	×	

其他必要費用

除了稅金以外，管理費與修繕基金也都是必要的花費，詳細說明如下表。

★管理費與修繕基金

	目的	説明
管理費	管理費會用於共用部分的維護管理。包含有建築物、設備如電梯等定期檢查、管理者的人事費用、清潔委託費、共用部分的清掃、水電瓦斯費、損害保險費、建物管理公司委託費等。一般將全部所需要的費用精算出，再以專有部分的持分面積依比例去算出管理費的金額。	隨著時間改變，物價或勞動費用，或是修繕部位及管理方法都會改變，管理費會變動調整。一般來説，年份較新的建物，需要修理的地方較少，管理費較低。（一戶建不需要繳納管理費）
修繕基金	修繕基金同樣是用於建物長期維護及修補所需費用。包括外壁的修補、屋頂防水工程、建物診斷等，這些為了維持建物的安全性及價值，定期進行大規模的修繕工程。由於這些工程需要費用較高，避免 1 次支出太困難，由建物所有權人每月繳納累積。	因應建築物老化，修繕基金會逐年增加。樓層較高的公寓大廈相比低樓層的公寓，修繕基金也會偏高。（一戶建也不需要繳納修繕基金）

日本特有的管理公司

　　日本公寓大廈為維持建物的良好狀態，並且進行土地與附屬設施的管理，一般都會委託管理公司管理，這種專門負責公寓管理的公司在台灣比較少見，但反而更便利台灣的買家。台灣買家購買日本不動產，很多都是投資出租或是作為民宿使用，透過管理公司管理而不用親自往來台灣與日本，可以減輕不少照顧房屋的成本。

　　日本特有的建物管理公司，依業務內容可以分成 2 種類型，一種為物業經營業務，主要是負責房屋出租業務的管理（參考 P.116）。另一種為樓房管理業務，即一般的物業管理公司，負責大樓的管理維護與清潔等。這裡主要説明樓房管理業務的業務內容，包括：

1.管理費的收取及帳簿管理、預算擬定、收支結算書的製作、住戶大會及理事會的運營、大規模修繕的預定等事務管理。

2.給水排水設備、電梯、電路管線、停車場等附屬設備的檢查等管理業務。

3.清掃及花園的布置等環境維持業務。

4.管理人員及警衛等派遣業務等。

　　業務內容一般由住戶組成的管理委員會進行委託，不一定全部委託出去，也可能選擇當中的部分業務，具體還是要依據管理委員會與管理公司簽訂的委託契約而定。而住戶繳交的管理費，有絕大部分就是支付管理公司的管理費用。

簽證問題

　　購買日本不動產可以取得長期簽證嗎？根據台灣跟日本的合作協定，到日本不需要取得旅遊簽證，單次最多只能在日本滯留 90 天，並且 1 年入境日本的時間不可以超過 180 天。但對在日本購置不動產的台灣買家而言，時間就顯得有些不足。因此有許多投資日本房產的台灣買家，就產生是否可獲得長期簽證的疑問。

　　在日本，有一種可以長期居留的簽證稱作「經營管理簽證」，主要的要件是要投資金額 500 萬日幣以上，並且要有實際經營或管理公司的情形，並且每個月要有固定 25 萬日幣以上的收入。最常見的就是透過設立租賃公司的方式取得經營管理簽證，簡單來說就是台灣買家準備充足的資金，然後設立公司在日本購買不動產並出租，再將每個月的固定租金收入（須超過 25 萬日幣）當作公司的收入，就有取得「經營管理簽證」的可能。

　　而相對於「就勞簽證」，日本公司的雇主若不僱用後就無法更新，配偶離婚後就不能更新配偶簽證，以及學生從學校畢業後就不能更新就學簽證等情形。經營管理簽證則是經營自己的公司，只要有持續經營就可以不斷更新簽證，還可以申請配偶以及未滿 18 歲子女的家族簽證，把家人一起接過來日本生活，相對來說較為自由。

　　但取得「經營管理簽證」者本身必須是經營者或是次於經營者之下的管理人，才能取得這個簽證，因此除了公司外，本身也必須也要有個人收入並確實納稅。另外在日本設立公司可能需要 70 萬日幣以上的花費，公司也須設立店鋪或事務所有租金的開銷，再加上公司要持續運營沒有發生財務上的問題，才可能順利更新簽證等等，這些都是必須要注意的問題。

房屋轉售賺大錢

　　一般人一生中很難有多次賣屋的經驗，尤其是賣位在日本的房屋，一般多是交給在日本的仲介公司處理。但即使要把事情委託給別人做，仍要對狀況有基本的認識，才能降低認知差異造成的誤會與糾紛。

日本售屋流程

　　委託仲介公司處理售屋事宜，首先需要了解日本售屋流程，以下，為大家介紹日本售屋 7 步驟，只要跟著步驟走，就可以輕鬆賣房賺大錢囉！

第一、接受不動產業者的估價

　　一般估價都是不收費的，可以在估價的過程中感受能不能信賴這間不動產業者，再將之後的仲介業務委託給他，因此選擇誠信的不動產業者很重要，一般會從下列的業者中選出：

1.購買該建物時所透過的不動產業者

2.較具規模的不動產業者

3.當地有地緣關係的不動產業者

第二、與不動產業者簽訂仲介契約

　　轉售房屋時，與不動產業者簽訂的仲介契約包含一般仲介、專任仲介及專屬仲介，詳細特色介紹及說明如下表。

★在日本與不動產業者簽訂的仲介契約一般有 3 種：

	特色	説明
一般仲介	此種仲介型態最大的特色就是同一物件可以委託複數的仲介業者。	因為可以委託複數業者，對業者來説極不安定，所以也可能造成業者不夠積極做廣告推廣。
專任仲介	此種型態的仲介契約，不動產業者負有於簽約後的 7 日內向不動產流通機構（參考 P.13）登錄，以及每 2 週要向賣家報告 1 次以上的義務。 若自行尋得買家可不透過仲介自行簽訂買賣契約。	簽訂專任或專屬仲介契約之後，在建物未售出前，中途仍是可以變換仲介業者。 簽訂專任或專屬仲介契約之後，應須登錄不動產流通機構，變成資訊在全國流通，因此也可以接到其他外部的仲介業者的詢問。
專屬仲介	跟專任仲介契約的內容幾乎相同，但比專任仲介的約束力還強。在簽訂契約後 5 日內要向不動產流通機構登錄，以及每週都要向賣家報告 1 次以上。 另外，如果賣方是自己找到買家，在這種契約下還是必須要透過仲介業者來接手。	

第三、登錄不動產流通機構及在不動產廣告網頁尋找買家

將房屋資訊刊登在網路上，以供有興趣的買家瀏覽。

第四、參觀建物內部

中古屋要求參觀內部的買家很多，內部給人的第一印象也很重要。有時候遲遲賣不出去的物件，不一定是因為價格，有時候也可能是因為內部有缺陷需要補強。

第五、接受購買申請

對物件有興趣的買家會提出購買申請書，當中所提出的金額可能低於賣方定價，因此雙方可以再進行交涉。

第六、簽訂買賣契約（參考 P.50）

交涉買賣條件，後簽訂契約。

第七、支付尾款與交屋（參考 P.51）

款項結清，將房屋交給新屋主，就完成所有售屋的步驟囉！

轉售成本

轉賣房屋時可能需要負擔的稅費包含如下，然隨個案的不同，仍有產生其它費用的可能。

仲介費

一般來說會按照買賣標的金額的高低不同而有變化。關於仲介費的說明（請參考 P.45）。

印花稅

同樣根據交易的金額而定，範圍在 200 日幣～ 480,000 日幣之間。關於印花稅的說明（請參考 P.43）。

抵押權塗銷登記費用

賣出的物件若有向銀行辦理貸款，銀行一般會設定抵押，於轉賣時若還尚未將房貸清償完畢，物件上就還存在著抵押登記，必須要將抵押權塗銷後才能賣出。因此，除了要先將房貸清償完畢，還須辦理抵押權塗銷登記。抵押權塗銷登記費用一件為 1,000 日幣，土地與其上的建築物一併塗銷時，需繳納 2,000 日幣。又一般多會委託司法書士辦理，司法書士的費用約為 10,000 日幣。

房貸清償

轉賣時須將剩餘房貸全部清償完畢，還包括銀行的手續費約 5,000 日幣。

裝修費用

屋況會影響買家的意願及房屋售價,因此若房屋必須翻新或補強,就得再花上 1 筆裝修費用。

稅金

轉讓房屋時通常需要繳交幾種稅金,例如消費稅、轉讓所得稅、移轉登記許可稅,相關條件、稅率及說明詳見下表。

★房屋的轉讓時要繳的稅金包括下列幾種:（2018 年 12 月現時點為準）

	條件	稅率	說明
消費稅		8%	2019 年 9 月 30 日前 （預計 2019 年消費稅將調漲）
		10%	2019 年 10 月 1 日之後（尚未確定）
轉讓所得稅	持有年數超過 5 年	15%	{轉讓金額－（取得額＋轉讓費用）－特別控除}× 稅率
	持有年數未超過 5 年	30%	
移轉登記許可稅	土地	1.5%	2019 年 3 月 31 日前
		2%	2019 年 4 月 1 日之後
	建物	2%	
		0.3%	2020 年 3 月 31 日為止適用減輕稅率,條件: 1. 自己居住的住宅 2. 取得後一年內登記的建物 3. 公寓大廈等耐火建材為 25 年以內,木造等耐火建材為 20 年以內的建物。若超過期限,須提出住宅適用新耐震基準的證明,以及已經加入住宅買賣瑕疵保險。

 **經營民宿停看聽**

　　在日本擁有 1 間房子，除了轉售賺錢以外，或許大家也會想要用來經營民宿，那麼想在日本經營民宿有什麼需要注意的地方呢？本節就來告訴大家如何在日本開民宿當老闆。

認識日本民宿與經營小撇步

　　日本在 2018 年 6 月 15 日通過新訂的「住宅宿泊事業法」，在全國開放了民泊的設置。但我們可以發現，不管是一般用語還是法律用語上，都是採用「民泊」這個字眼，而不是我們習慣聽到的「民宿」這個用語，究竟「民泊」與「民宿」有什麼區別呢？

民泊與民宿

　　在日本，「民泊」是指正規的住宿設施（如日式旅館與 Hotel）不足時，一般家庭暫時的提供旅行者住宿的模式，因此可能是有償的也可能是無償的。但「民宿」則不同，民宿則是指以一般的民宅取得營業許可而經營的住宿設施，為反覆有償地提供房間的態樣，在營業執照上必須取得旅館業法的「簡易宿所許可」。這一次日本所開放的，就是「民泊」而非「民宿」。

民宿、民泊的 3 種樣態

　　在過去，「民泊」最淺白的概念，就是「借宿在民家」。但在透過網路，觀光客有償租借個人的住宅或是投資用住宅這樣新興的交易模式興起之後，也被稱作「民泊」，也就是台灣的「民宿」。因此，以現在的說法，「民泊」就是指住宿在專門供人短暫過夜用的個人住宅的一部分，或是公寓的空房。以日本旅館業法的規定來看，這些供民泊的房間基本上都不符合規定，但隨著日本觀光業這幾年大幅興起，這樣未經許可的違法民泊也大幅增加。因此，為了因應這樣的趨勢，日本才有這一次民泊新法的制訂。

但日本在過去就已經存在依旅館業法設立的「簡易宿所」也就是「民宿」，以及依地方條例所設立的「特區民泊」，再加上這一次新增了不限制地域，可透過網路電子申請而設立民泊，則被稱為「新制民泊」，日本目前共有以下 3 種的制度。

①簡易宿所

在日本的旅館業法上，共有 4 種住宿設施的型態，第 1 種就是「Hotel」型態以洋式房間為主。第 2 種是「旅館」型態，以日式的和式房間為主。第 3 種為「下宿」型態，這種類型必須要住宿期間以 1 個月以上為單位。第 4 種就是跟民泊接近的「簡易宿所」。在過去新法還沒制定前，合法的民宿大多是取得簡易宿所的營業執照。

簡易宿所是指 1 間客房由多數人所共用的經營類型，並收取房費，有點像台灣所指的背包客站、青年旅舍那一種，正確歸類的話應該是屬於日本的「民宿」。因為此種簡易宿所型態的經營也在旅館業法的範圍之內，必須要依照旅館業法的規定取得許可。

②特區民泊

特區民泊的正式名稱為「國家戰略特別區域外國人滯在施設經營事業」，在被指定為「國家戰略特區」而制定民泊條例的地域裡，所從事的民泊。截至 2017 年 8 月為止，可以經營特區民泊的地區，限於東京圈（東京都、神奈川縣、千葉縣成田市、千葉縣千葉市）、關西圈（大阪府、兵庫縣、京都府）、新潟縣新潟市、兵庫縣養父市、福岡縣福岡市、福岡縣北九州市、沖繩縣、秋田縣仙北市、宮城縣仙台市、愛知縣、廣島縣、愛媛縣今治市。

特區民泊一般有其設置的理由，例如新潟市是因為市街化調整區域，被禁止經營旅館業而允許經營特區民泊。因此特區民泊必須經過行政的認定，並由地方自治團體制定民泊條例來規定其他要件。所以每個地區的特區民泊的規定可能不太相同，例如東京都大田區的特區民泊限制要住宿 7 天 6 夜以上，而大阪市的特區民泊只要 3 天 2 夜以上就可以利用。因此若有意要經營特區民泊，就要去分別確認該地區所適用的民泊條例的內容，而不適用旅館業法。

③新制民泊

這一次所制定的新制民泊，就是在旅館業法以及民泊條例外，在新創設一種新型態的民泊，雖然和旅館業和特區民泊相比設立條件較簡單，但卻有 1 年

的營業日數的限制。最關鍵的特徵有以下 2 點：

＊建物的用途

　　適用旅館業法的簡易宿所的建物用途應為「旅館」或「hotel」，但新制民泊的建物用途為「住宅」。亦即新制民泊在不得進行旅館或 hotel 營業的專門居住用地上營業。但是，雖然新制民泊可以將住宅作為房間出租，但也不是毫無限制。例如，依照公寓的管理規約禁止該公寓大廈的房屋作為民泊出租時，則該房屋的所有人就不得將該房屋作為民泊經營，也就是說即使在法律上開放了，法律仍保障公寓大廈的住民們可以透過共同訂立管理規約，限制社區的民泊的經營。因此，有意要將買來的物件作為民泊經營的台灣買家，務必確認該物件的管理規約上有無禁止經營民泊的規定。

＊營業日數的上限

　　新制民泊最大的特徵，就是 1 年間有 180 天營業日數的限制，再加上各個地方也可以設定更嚴格的限制，因此做為民泊的房屋，若在民泊經營之外沒有其他用途，可能就無法達到投資獲利的目的。

　　又新制民泊可以再細分 2 種類型，一種是「屋主居住型（Homestay 型）」一種是「屋主不在型（投資型）」，分別作規範。

　　所謂的「屋主居住型」一般稱為 Homestay 型，屋主將自己主要生活的場所（原則上要有住民票）的一部分提供為作為民泊的房間。而「屋主不在型」自然就是指屋主將本身生活的住所以外的房屋作為民泊經營的方式。

★民泊、民宿的三種樣態對照表

	簡易宿所	特區民泊	新制民泊	
		大阪市為例	屋主居住型	屋主不在型
法律依據	旅館業法	民泊條例	住宅宿泊事業法（民泊新法）	
行政程序	許可制	認可制	申請制	申請制
營業日上限	無	無	180天或更短	180天或更短
住宿天數限制	無	3天2夜以上	無	無
實施地區	全國	特區	全國	全國
建築用途	旅館、Hotel	住宅、長屋、共同住宅	住宅、長屋、共同住宅、宿舍	住宅、長屋、共同住宅、宿舍
行政檢查	有	依條例規定	有	有
於住宅專用地區營業	× 不可	× 不可（例外也有條例未限制）	△ 可能經地方條例禁止	△ 可能經地方條例禁止
房間面積	3.3m²以上	25m²以上	無限制	無限制
櫃台設置	原則沒有	無限制	無限制	無限制
契約型態	住宿契約	租賃契約	住宿契約	住宿契約
住宿者名簿	要	要	要	要
標示	要	要	要	要
目的	投資收益	投資收益	文化交流	空屋活用
收益性	○	○	△	△

台灣買家經營民宿注意事項

台灣買家在日本購置房屋，如果最大的期待就是想作為民宿經營，那就一定要掌握日本在 2018 年所規定新制民泊的幾項重點，當然對非居住在日本的台灣人來說，交給管理業者經營是最簡單方便的方式，但如果沒有對日本民泊的管理制度有一些基本的了解，在買房之前就不能做好正確的預算風險規劃。

🌸 日語關鍵字

> **・民泊業主（住宅宿泊事業者）**
>
> 民泊業主是指在 Airbnb 或 Homeaway 等網站上登錄提供住宿房間服務的屋主。可以自己經營，也可以委託給民泊設施管理業者經營。
>
> **・民泊設施管理業者**
>
> 民宿設施管理業者是指受「屋主不在型」的民泊業主委託，代為依法管理與經營民泊事業的公司。必須要向日本的國土交通大臣辦理登錄。
>
> **・住宅宿泊仲介業者**
>
> 住宅宿泊仲介業者是指運營 Airbnb、Homeaway 等民泊仲介網站公司，必須要向觀光廳登錄，並且負有向投宿者說明住宿契約的內容以及其他依法規定的義務。

尤其在 2018 年新的制度實行後，確實有非法的民泊遭受處分，民宿的交易平台（如 Airbnb 等）也向業者要求合法的經營，所以對居住日本國外的外國人來說新的制度確實增加了一些經營民宿上的困難，必須更為謹慎。

①民泊的營業時間 1 年間僅限 180 天

依照住宅宿泊事業法的規定，1 年間營業日數的最上限是 180 天。而日數的算定是「每年 4 月 1 日正午開始到翌年 4 月 1 日正午為止」當中有人投宿的天數。又「1 天」是以正午到翌日正午為 1 天來計算，因此若只接受投宿 1 晚而沒有連續天數的客人，則最多還是有營業 360 天的可能。

又因為日本新法的目的，是希望擴及全國地區都可以提供民泊服務，但因為民泊對該地區的生活環境一定會造成某種程度的影響，因此法律還是開放地區地方政府例外的以訂立條例的方式，在限定區域及期間的前提下，可以作天數上更多的限制。

②需設置明確的標誌

依照住宅宿泊事業法的規定，在民泊的玄關處或公眾可輕易看見的地方必須要貼上標示提供民泊服務的藍色貼紙。因為民泊與過去以來取得旅館業法許

可的旅館等處所不同，在識別上有一定的難度，因此日本新法要求必須要在玄關處貼上清楚的民泊標示，否則不能提出申請。

民宿貼紙

③對民泊業主的規定

＊民泊的經營須向都府道縣知事提出申請

依照住宅宿泊事業法的規定，需要向都府道縣知事（即地方首長）提出經營民泊的申請。申請時所提出的申請書，需要記載下列事項：

- 商號、名稱或姓名及住所
- 如果是法人的話需記載代表人
- 若為未成年人須記載法定代理人的姓名、住所
- 住宅的所在地
- 若有設置營業所或事務所需記載名稱及住址
- 若是委託管理，要記載住宅管理業者的商號、名稱、姓氏等
- 住宅的平面圖

＊定期每兩個月向都道府縣知事報告

按照日本新法的規定，民泊業主要定期將住宿的資訊詳細的報告都道府縣知事，包括出租的日數、租房的人數、甚至是各國籍的住宿人數等。而報告的期間為每年的 2 月、4 月、6 月、8 月、10 月及 12 月的 15 日。而報告方法目前日本的國土交通省觀光廳正在建置營運系統，這樣的定期報告將來就可以透過上網申報的方式，會變得簡便很多。

＊需保管住宿者名簿至少3年

民泊業主須在民泊住宅、或是事務所、或辦公室裡放置「住宿者名簿」，記載投宿者的姓名、職業、投宿日等事項，若為外國人，還需記載國籍與護照號碼。

＊針對「屋主居住型」民泊的規定

「屋主居住型」民泊是指屋主將本來生活的住宅多餘的空間作為民泊經營的類型，這樣類型的民泊要求業主要盡到確認投宿者身分以及確保安全的責任。具體要求如下：

- 住宿者名簿的作成及保存
- 衛生管理措施（須達到一般衛生水準的維持與確保）
- 對投宿者的對應措施（例如向投宿者為注意事項的說明、玄關的標示、投宿窗口的設置等）
- 若民泊地點為公寓大廈，須確保沒有違反管理規約
- 若民泊業者並非屋主，僅為房屋的承租人，必須要確保民泊沒有違反租賃契約的內容
- 必要時要向行政機關（例如衛生、警察、稅務機關）提供情相關情報

＊「屋主不在型」民泊業者必須委託民泊設施管理業者管理

　　「屋主不在型」民泊是指屋主自身並無居住的房屋作為民泊經營的型態，日本目前大部分的民泊，例如登錄在 Airbnb 的民泊設施大多是這一個類型。「屋主不在型」民泊和「屋主居住型」民泊一樣，也是提出申請就可以經營，但不同的是相比「屋主居住型」，「屋主不在型」的民泊型態更難掌握對附近鄰居的影響，例如噪音或垃圾等問題發生的可能性更高，因此日本法律規定「屋主不在型」的民泊不僅要向都道府縣知事提出申請，還強制要交給民泊設施管理業者來管理。這一項規定是台灣買家要特別注意，很多台灣買家本身不住在日本但會藉由網路渠道來經營日本民宿，再交由居住在日本的個人為簡單的管理，這種模式在今後都是法律不允許的，一定要交給日本當地的民泊設施管理業者來經營。

　　按日本法規定，民泊設施管理業者負有責任的業務範圍包括下列：

- 確保住宿環境的衛生，打掃工作可委外執行
- 確保住宿者安全
- 確保外國觀光客投宿的便利性
- 備置住宿者名簿
- 防止民泊經營影響周圍環境惡化
- 客戶投訴的對應

🏠 民宿經營參考網站

■民泊制度運營系統
http://www.mlit.go.jp/kankocho/minpaku/business/system/registration.html

■電子住宿者名簿下載
http://www.mlit.go.jp/kankocho/minpaku/business/system/regular_report.html

法律小常識

想要在日本經營民泊，除了前述應注意的事項外，還必須注意「公寓大廈的管理規約」的規定，公寓大廈管理規約對於購買的物件是否可以作為民泊經營有直接的規定，如果購屋的目的是經營民泊，那在購買房屋之前就要特別注意。

公寓大廈的管理規約

公寓大廈為 1 棟建物有多數人居住的住宅，除了專有部分之外，還有各居住者所共有的區域，這部分的使用要如何達成一致讓所有住戶遵守，就是管理規約的功用所在，由訂立當時的區分所有權人（即當時住戶）合意訂立。

在法律上公寓大廈各住戶稱作「區分所有權人」，按日本法「關於建物區分所有法」規定，管理規約可以決定區分所有權人相互間對建物與土地及附屬設施的管理與使用。

規約效力

假如後來發生房屋買賣或其他產權移轉時,這些管理規約對於承繼人(也就是房屋的後手)是否都還有效力呢?答案是肯定的。

不管是台灣法還是日本法,在處理公寓大廈管理規約的效力上,都承認管理規約對後手仍然適用,認為後手在房屋買賣達成合意的時候,也同時對於居住於該房屋應遵守的管理規約表示同意,自然要受到拘束。尤其,日本公寓大廈的管理規約,內容牽涉甚廣,最簡單來說就包括要繳納多少管理費,這樣與買家預算切身相關的事項,這些金額在買賣完成前就要考慮清楚,不能買賣成立後還去爭執管理費太貴、要求降低管理費等等都是不被允許的。

還有像是前面提到的,如果看中的物件管理規約有規定禁止住戶經營民泊,台灣買家卻有要經營民泊的目的的話,就必須要選擇其他物件,而無法在買下該房屋後再去做爭執。因此,台灣買家如果想投資的物件僅是公寓大廈中的 1 戶,就要有遵守管理規約的認知,務必在交易前確實做好公寓大廈管理規約內容的確認。

chlossen zwischen:

第四章
包租公專篇

擁有一間自己的房子，除了自己住之外，也有許多人會將房屋出租，當起包租公、包租婆。然而，房屋出租的細節十分繁瑣，本章將從尋找房客、入住、簽約到退租，一一介紹該注意的事項，搭配圖表與範本，教你如何成為一位稱職的房東，以及遇到不良房客時該如何處理。

 # 從簽約到入住

日本不動產業者在面對國外買家時，早已形成一條龍的服務型態，從開始的仲介買賣、到交易完成後仲介房客、簽訂租約、到房客入住後的租賃管理，一般都能完全對應。雖然如此，台灣買家還是要避免過分依賴仲介，陷入被動片面接收仲介所給予的資訊，造成雖是自己的房屋卻喪失掌握能力的窘境。

房屋出租的流程

日本出租房屋的步驟和台灣差別頗多，不僅房東房客可能自始至終不需要見面，還有許多出租的細節需要注意，在成為房東之前讓我們先了解一下房屋出租基本的流程與步驟。

房屋出租流程圖

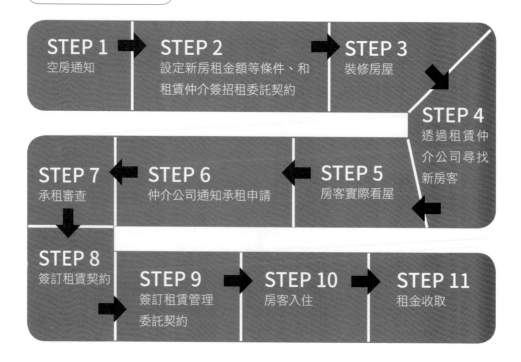

STEP 1. 空房通知

日本的租客一般不直接面對房東，大多是透過租賃的不動產管理公司進行接洽，退租的通知也是直接告知管理公司，因此房東在接到管理公司的通知時，即可開始著手新的出租準備。

STEP 2. 設定新房租金額等條件、 和租賃仲介公司簽訂招租委託契約

重新設定租金，對照房屋的老化程度或是周邊環境的改變，可以適當調整租金的高低。以房東立場來說，當然是租金越高越好，但越高出租的難度也越高，因此建議跟租賃仲介公司商量過後再決定較妥當。

STEP 3. 裝修房屋

前租客搬走後，房屋會有些陳舊或髒亂都一定要再做整理，這些都有專業的裝潢公司及清掃公司可以配合。

STEP 4. 透過租賃仲介公司尋找新房客

租賃仲介公司可以交由房屋原本委託的租賃管理公司，也可以另外委託租賃仲介公司。租賃公司一般會透過網路以及雜誌等廣告宣傳，並會為屋主製作房屋說明、室內平面圖以及照片等，就租客的需求作媒合。

STEP 5. 房客實際看屋

由租賃仲介公司帶領有意承租的房客親自看屋。

STEP 6. 仲介公司通知承租申請

房客有意承租會向租賃仲介公司提出「入居申請書」，再由仲介公司通知屋主。

STEP 7. 承租審查

有意承租的房客所提出的「入居申請書」，裡面會詳細記載一些必要事項，包括姓名、年齡、職業、收入、家庭組成、保證人等，屋主可以根據資料自己

做一些簡單的評估，而一般租賃仲介公司會代為確認職業以及保證人的真實性。

STEP 8. 簽訂租賃契約

由承租人與屋主雙方在契約上簽名、蓋章，不需要親自到場，也可以用郵寄的方式進行。至於簽訂契約時所需要的費用，如禮金、押金等初期費用，由房客直接支付給仲介公司，再由仲介公司轉交給屋主。

STEP 9. 簽訂租賃管理委託契約

租賃契約完成後，屋主還要再與負責房屋出租業務的管理公司簽訂委託合約，委託租賃管理公司代為在日本向房客收取租金、房屋維修或應付其他緊急事項 (參考 P.116 頁數)。

STEP 10. 房客入住

根據前面所論述的 STEP 1 到 STEP 9 流程完成後，房客即可入住。

STEP 11. 租金收取

根據前面所論述的 STEP 1 到 STEP 9 流程完成後，即可向房客定期收取租金。

日本的租賃仲介公司

日本的租賃仲介公司大略可分成一般仲介、專任仲介、租金管理專任仲介、租金保證型態仲介，各自間的差別與服務內容整理如下表：

★日本的租賃仲介公司種類與服務內容

	條件	説明
一般仲介	·僅限於募集與接洽的業務 ·可以委託多間仲介	適用於屋主自己管理的房屋要出租的情形，只交由仲介公司代為尋找房客以及接洽。又因為可以委託給多家仲介公司，因此可以接收大量的租客訊息，但因為仲介業務公司也清楚房東可能委託多家公司，投入度可能會有差。 *因屋主要自己管理房屋，台灣房東不太適用此方案。

專任仲介	交給一家仲介公司全權處理租賃事宜	房東雖自行進行房屋與房客的管理，但招募租客則全權交由一家仲介公司進行。
租金管理專任仲介	委託仲介公司進行招募租客與收取租金的業務	委託仲介公司的業務，僅包括租客招募以及租金是否有遲交情形的確認與催繳。有些仲介公司還會提供租金保證，也就是有房客遲交租金時，由仲介公司先代為繳納，再由仲介公司自行向房客追繳的服務。
租金保證型態仲介	由仲介全部承租或仲介作租金保證	各租賃仲介公司的服務內容可能略有不同，但主要重點就在由仲介公司保證一定期間租金的收入。也就是在一定期間內不論仲介公司有沒有辦法順利找到房客，仲介公司都要保證房東有資金的收入。 另為一種服務方式可能是由仲介租賃公司作為承租人 (也就是房客) 跟房東租下全部的物件 (大部分是一整棟的辦公大樓或是戶數較多的公寓大廈)，仲介公司再將物件中的各空間分別轉租給其他真正要使用的承租人，此種方式仲介公司作為第一承租人，不管是否有第二承租人的存在，仲介公司都還是要按月支付租金給房東。

看懂租賃契約

出租房屋最重要的就是契約，契約類型也有許多種，有些契約還有期限。以下列出不同的契約類型，並說明其特色。

2 種類型的租賃契約

租期方面，日本有 2 種租賃契約分為「一般租賃契約」與「定期租賃契約」，「一般租賃契約」到期後不需要另行簽訂可以自動更新，而房東如果沒有正當的理由，是無法輕易的要求房客退租。而「定期租賃契約」則不同，租賃雙方如果在契約期間終止前一定的期間內表示不續租，則契約就於期間屆滿時終止，不會更新。當然，如果「定期租賃契約」雙方都有意再續租的話，那雙方就要再重新簽訂新的契約，而不是「更新」契約。

這兩種契約類型在法律上的效力有很大的不同，也與台灣一般租房子的概念不同，若台灣買家所購買的房屋已經有房客在承租，則是屬於何種契約在投資風險上佔有一定的影響，一定要把兩者搞清楚。

★「定期租賃契約」與「一般租賃契約」的比較

	定期租賃契約	一般租賃契約
契約簽訂方法	需要簽訂書面的租賃契約	書面或口頭的方式均可
是否可以更新	租賃期間屆滿時契約終了，無法更新，想再續約須雙方重新簽訂租約。若房東拒絕再次簽訂租約，到期後房東可以要求房客交還房屋。 *（但須契約到期前 6 個月通知）	習慣上一般租期為 2 年。但到期之後房客有優先續約權，若房東無其他的正當理由，不可以拒絕更新。 *（即使房東有正當的理由，也還是必須要支付房客一筆「立退金」（參考 P.131），才可要求房客搬遷）
更新費	一般沒有	契約更新需支付更新費
租賃期間的上限	無上限	2000 年 3 月 1 日前的租約上限為 20 年。 2000 年 3 月 1 日之後無上限。
租賃期間未滿 1 年的效力	未滿 1 年的契約仍有效力。	契約中未滿 1 年的租期約定是無效的（會被視為「不定期租賃契約」）。
租約到期前的通知	若租約到期不再續約，房東需到期前 6 個月通知房客。	若租約到期不再續約，房東需到期前 3 個月通知房客。
租金可否增減	定期契約若有特別約定禁止增減租金，則在契約的期間中，不可增減租金。	不論契約有無特別約定，按周邊環境變化請求增減租金是可能的。

定期租賃契約

對台灣人來說，我們對於租房的概念會比較偏向日本的「定期租賃契約」，

但又有些微的不一樣，為避免有錯誤的認知，因此將「定期租賃契約」的特色作簡單說明。

①於契約所訂期間屆滿時，確實地終止租賃契約

在募集房客時房東會訂好一定的租賃期間（也可能不滿 1 年），與一般的租賃契約不同，會在租賃期間屆滿時終了。

②雙方合意另行簽訂新契約，可繼續承租

「定期租賃契約」不能更新，房東即使不支付「立退金」（參考 P.131）也當然可以要求房客遷出。如果房客想繼續承租，而房東也願意繼續出租，則雙方必須重新簽訂契約，敷金、禮金、仲介手續費等都可能要再繳交一次，看雙方協商合意的內容而訂。

③基本上於契約期間內不可中途解約

房客在一定期間內必須要持續租借為本類型租賃契約的前提要件，因此在契約期間中途解約原則上是不行的。

但日本法例外規定，屋內面積不滿 200m² 的住宅用建物，因轉職、療養、家族等非自己意願所發生的事由，該房屋作為平日生活的據點已發生困難的話，可以提出中途解約的請求。

④建議以公證書的型態簽訂契約

「定期租賃契約」很重要的一點就是契約一定要書面簽訂，一般的租賃契約沒有這個規定，即使用口頭的方式也能成立契約，但定期的租賃契約則不同，書面是很重要的成立要件。另外，在書面簽訂之後，建議經過公證，因為定期租賃契約」對抗房客的效力較強，經過公證的契約書可以省去不必要的爭議。

⑤相比一般的租賃物件，定期租賃的敷金、禮金、租金一般都較便宜

因為「定期租賃契約」對房客的保護較不周全，房客即使已熟悉附近環境想安定下來繼續承租，也可能被房東拒絕，因此一般來講租金以及其他的費用方面，都會比「一般租賃契約」來的便宜。

定期租賃契約要如何終止？

「定期租賃契約」於契約期間屆滿時終止。但房東必須要於契約期滿 6 個月前向承租人具體表示契約期滿就終止。若房東未通知的話，不可以契約期滿就馬上要求房客搬出去，必須要作出不續租的表示後，再開始計算 6 個月後（也

就是契約期間再延長），才可以要求房客遷出。

　　但例外若雙方約定的契約期間若少於 1 年，則房東不需要通知即可於到期時終止。

定期租賃契約流程圖

STEP 1
房東對有意承租人清楚說明「定期租賃契約」不得更新的條件，並交付契約

STEP 2
承租人同意

STEP 3
簽訂書面契約（經公證）

STEP 4
「定期租賃契約」成立

STEP 5（情況 1）	STEP 5（情況 2）	STEP 5（情況 3）
房東契約期滿 6 個月前通知契約到期終了	房東契約到期時通知契約終了	房客因轉職等不得已因素無法繼續承租

STEP 6	STEP 6	STEP 6
期滿契約終了	通知後 6 個月契約終了	房客解約通知後 1 個月契約解除

🏛 **小提醒**

在房屋的使用上，若台灣買家有計畫將房屋收回自己居住，或作為其他的使用，就必須採用這種定期租賃契約，才能準確計算可以將房屋收回的時間。但必須要了解的是，因為此種契約在某種程度上對房客的保護較不足夠，對於有長久居住打算的人也會造成不便，因此在日本「定期租賃契約」並沒有很受歡迎，若是以居住為目的的話，一般日本房客也多拒絕簽屬這類型的定期契約，在招租上比較困難。但若是面向打工度假或是留學生這一類的客群，本身使用房屋的時間比較固定，就可以考慮採用「定期租賃契約」。

一般租賃契約

日本人租屋習慣上還是採用「一般租賃契約」，但日本的「一般租賃契約」跟台灣的租房習慣有很大的不同，若台灣買家購買的是正在出租中的房屋，或是有意將投資物件出租給日本人，一定要謹慎注意日本法規定與習慣的不同。

①契約方法

原則上契約用書面或口頭的方式均可。但為避免後續發生爭議而無憑據，一般仍以簽訂契約書為主要方式。

②契約期間

「一般租賃契約」的租賃期間如果未滿 1 年，這期間的約定變成無效。但不是整個租賃契約都無效，而是會變成「不定期租賃契約」。

③有關租金的增減

不論契約上就租金增減有無特別約定，房東與房客雙方都可以請求租金的增減。但雖有請求的可能，但事實上最後能否增減租金還是要看雙方的合意。也就是說，不論是房東反對還是房客反對，只要有一方不同意，雙方不能達成合意，則租金就無法作增減。這個時候就必須要透過調解或是訴訟的方式來解決。

另外，若契約上有特別約定在一定的期間之內不可以增減租金，則依契約的約定在該期間之內不得請求增減。

④房客請求中途解約

契約當中若有就房客中途解除契約的情形作特別約定，則依照該約定處理。以現在普遍的租賃契約來看，大多會約定必須提前 1 ～ 2 個月提出解約的

請求的特約。若沒有這項特別約定，則房客即使提出請求不繼續承租，也有可能必須支付到契約到期為止的剩餘全部租金。

⑤**房東請求中途解約**

　　按日本法的規定，房東不允許在租賃契約期間中要求中途解約，至於租賃期間到期後拒絕更新，或是「不定期租賃契約」的情況下要求終止契約，房東則必須要滿足一個條件，那就是必須有「正當的理由」（參考 P.106）。也就是說，如果房東沒有拒絕的正當理由，就不可以要求終止，也不可以拒絕契約更新。這是站在保護較為弱勢的房客的立場，是日本法律上很特別的規定，也是大多數台灣房東最無法理解，正是最容易發生爭議的部分。

★中途解約（契約期間中）

	房客請求解約		房東請求解約
定期租賃契約	**無特約**		
	原則上不得中途解除契約。 房客仍需支付租金至契約期間結束。		不得解除契約。
	（例外）屋內面積不滿 200m² 的住宅用建物，因轉職、療養、家族等非自己意願所發生的事由，該房屋作為平日生活的據點已發生困難的話，可以提出中途解約的請求。		
	有特約		
	若有特別約定，可依照約定解約。 例如契約約定於 2 個月前通知，即可在通知後 2 個月內解除。		特約無效，不得依特約解除契約。
一般租賃契約	**無特約**		
	原則上不得中途解除契約。 房客仍需支付租金至契約期間結束。		不得解除契約。
	有特約		
	有相關特別約定時，則按該約定解除。 例如契約約定於 2 個月前通知，即可在通知後 2 個月內解除。		特約無效，不得依特約解除契約。

★終止契約（契約期間到期）

	房客不續租	房客續租		
		房東同意	房東未表示	房東拒絕
定期租賃契約	到期終止	重新簽訂新租賃契約	到期終止	到期終止
一般租賃契約	到期終止	契約更新	轉為不定期租賃契約	房東須有正當理由，否則不得拒絕。若無正當理由，則轉為不定期租賃契約。

一般租賃契約的契約更新

　　「一般租賃契約」的房客，在契約到期之後可以有兩個選擇，一個是拒絕繼續承租，則契約就於到期時終止。一個是要求繼續承租，則有契約更新的問題。

①**契約更新態樣**

＊**合意更新**：居住用的租賃契約，一般契約期間以2年為最普遍。而契約期間到期之後，雙方又在互相同意的基礎上為契約更新的手續，即為合意更新。至於契約的內容可能會有所變動，也可能不會變動，全看雙方的約定。

＊**法定更新**：法定更新是指契約到期後，房東跟房客都沒有特別的表示或約定，則雙方就按照原本的契約內容繼續房屋的承租關係，此時的租賃契約即為法定更新。另外，即使原契約有約定更新時間，不論是忘記更新時間或是其他理由，而沒有在更新期間內進行契約更新，雙方仍視為法定更新。而法定更新的契約內容承襲前契約，唯一不同的是沒有契約期間的規定，變為不定期租賃契約。

又因為法定更新而變為沒有約定租賃期間的租賃契約時，房客可以於任何時間提出解除契約的要求。房東相同的也可以於任何時間提出，但必須要具備「正當的理由」才可以解除契約（參考 P.106）。

＊**自動更新**：原本的租賃契約內即已預先約定了契約到期時即自動按原條件更新的情形。

②拒絕更新

　　租賃契約期間到期後，在台灣人的概念上就是租賃關係結束，房東可以要求收回房屋，而房客自然也要退還房屋。但在日本，因為考量房客的穩定生活需要（房客普遍被認為是較弱勢的一方），賦予房客優先的更新權，也就是即使房東已表明不想繼續出租，房客若想繼續承租，仍舊可以要求契約更新。這個時候，若房東拒絕契約更新時，就必須要滿足一個條件，那就是必須有「正當的理由」才可以拒絕更新。

　　所謂「正當的理由」在條件上來講是非常嚴格的，實務上都是房客能繼續承租的可能性較高。因此在決定要將房屋出租的同時，就一定要具備短期內可能無法將房屋收回自用的認知。

＊「正當的理由」主要從下列事項作綜合的判斷：

- 房東與房客間對於該房屋使用的必要性的高低（這是最主要的判斷基準）
- 有關租借關係的進展過程（例如房客有無按時繳納租金的狀況）
- 房屋現在的利用狀況
- 建物的現況（老朽程度、是否需要增修改建）
- 解除契約後房東支付立退金的能力

　　最後一點是補充判斷標準。即使前幾項尚未達到正當理由的程度，若房東可以提供高額的「立退金」（參考 P.131）作為補償，仍可以視作有「正當的理由」。

③更新費

　　契約更新的時候，有時作為雙方合意更新契約的對價，房客須向房東支付一筆更新費，但除非契約已經明白有規定，否則更新費並非法律上的權利或義務，不是必然的費用，還是取決於雙方的商量。但在關東地區、東海地區、京都地區基本上支付更新費已變成習慣。

　　至於在法定更新的情況，是否要支付更新費雖然存在爭議，但如果原契約已明白約定契約更新時要支付更新費的話，房客還是必須要支付。

　　至於更新費的費用大約是 1 個月的租金，雖然由房客支付 1 個月租金的更新費，但當中一半大多用來作為支付不動產仲介公司的更新手續費。

④更新手續費

　　合意更新時，相關業者的更新程序的勞務費用及手續費，稱作更新手續費。

一般相關業者大多受到房東的委託進行更新手續，因此更新手續費一般是由房東承擔。但是若是由房客委託仲介業者向房東進行交涉以及辦理更新業務的話，可能就必須由房客來支付費用。

⑤更新程序

　　一般來說，在契約到期日前 2 個月，就會有詢問房客是否更新的通知，若是自己管理的房東，一般會委託當初仲介租賃的公司進行更新手續，若是直接交給租賃管理公司管理的話，會直接由該管理公司進行。

⑥更新所需文件

　　更新時，一般會跟當初承租時一樣再度簽屬契約書，不過會省略掉已經繳交的書面資料，執行起來還是比較簡便。

⑦更新後的租金設定

＊一般來說，契約更新不會調整租金，但有下列情況的話，還是有增減租金的可能：

* 社會經濟的大環境發生劇烈變動。
* 當初承租時因特別事由談好的租金，與周圍的行情有很大的差距，而該事由已消失。
* 因情勢變更周遭環境的租金行情發生劇烈變化。

🏠 小提醒

　　「一般租賃契約」到期時，房客可以要求更新，此時更新的契約類型必須雙方合意，因此若房東想要將原本的「一般租賃契約」變更為「定期租賃契約」的話，必須要房客的同意。房客若不同意變更為「定期租賃契約」，則表示雙方無法達成「合意更新」，此時契約關係就會變成「法定更新」，仍舊按照原來的契約條件繼續承租的關係，變成「不定期租賃契約」。

不定期租賃契約

　　不定期租賃契約的形成，主要有 3 種情形：

1. 一開始簽訂租賃契約時沒有約定租賃期限。
2. 一般租賃契約約定租賃期限未滿1年。（該約定無效，契約轉為不定期租賃契約。）

3. 法定更新，原租賃契約轉為不定期。

　　不定期租賃契約，是指房客仍依照原契約條件繼續承租，但租賃契約已無期限的規定，在法律上均與「一般租賃契約」的規定相同，唯一的差異就是沒有契約更新的問題，房客會一直保持承租的狀態，房東與房客雙方都可以隨時解約，但在解約通知期限與要件上尚有不同。

★「不定期租賃契約」的契約解除

	房客解除契約	房東解除契約
解約提出	隨時	隨時
要件	無	須有正當理由 無正當理由不得解約
解約通知期限	3 個月	6 個月
契約終止	解約通知 3 個月後契約終止	解約通知後 6 個月契約終止

其他契約應注意事項

　　除了契約的種類以及契約更新的內容之外，以下還有幾點是契約應當注意的部分：

①租賃連帶保證人

　　日本租賃契約一般都會要求有連帶保證人，在房客欠繳租金的時候，可以向連帶保證人要求給付。

＊連帶保證人責任

　　承租人（即房客）在租賃契約關係中，除了承擔租金給付義務之外，還可能須負擔建物損害賠償義務以及契約終了時的回復原狀（參考 P.131）、返還房屋之義務。依照日本的租賃習慣，為了確保房客履行各種義務，出租不動產時一般會向房客要求連帶保證人，並簽訂保證契約。而連帶保證人的責任，就是上述義務在承租人無法實現時，由連帶保證人代為履行。又因為返還房屋的行為連帶保證人無法代為實行，這個時候連帶保證人就要代為支付相當於租金的賠償責任。至於契約如果更新的話，依照日本的判例，是認為連帶保證人的保證責任也繼續發生。

＊保證契約的簽訂

在日本法律上，保證契約的成立，必須要保證人與債權人簽訂書面保證契約。因此若要求租賃契約有連帶保證人時，實務上是在簽屬租賃契約時，連帶保證人也同時在場，並同時簽屬保證契約書。若連帶保證人無法在場的話，必須要在簽屬租賃契約前，先取得連帶保證人簽屬好的保證契約書，並附上連帶保證人的印鑑證明書。千萬避免簽完租賃契約後，才去簽屬保證契約。

＊租賃保證公司

租賃契約具有連帶保證人，是最安全有效取回滯納租金的方法。但事實上，仍存在有無法找到連帶保證人，或是即使有連帶保證人，但連帶保證人的資力也很薄弱等問題，為因應這個問題有「租賃保證制度」的產生。

「租賃保證制度」是由房客向保證公司（稱為租金債務保證公司）簽訂保證委託契約，由房客支付保證費用，而該公司負擔起連帶保證人的責任，於房客滯納租金或賠償時負起支付義務。但因為「租金債務保證公司」有自身管理的信用情報資料庫，因此在受委託之前，會在審查階段即排除有不良紀錄的承租人。

另外，每一間的「租金債務保證公司」所保證的範圍略有不同，例如某些範圍的賠償不保證，或是滯納的租金只保證到幾個月為止等，也與保證費用的高低有關，這個部分必須要特別注意。

②敷金（押金）

依日本法律的規定，為了擔保房客的債務履行責任（包括租金以及房屋損害的賠償），可以要求支付一定金額給房東，此即為敷金（也就是台灣的押金），有時也會稱作「保證金」。在契約終止時，房東須扣除債務後將剩下的敷金返還房客，若房客對房東沒有任何債務存在的話，房東需要全額返還敷金。而敷金的返還常常都是最容易發生爭議的部分，因此，如何處理以及返還時間點都建議於契約中清楚載明。

此外，要求房東返還敷金前，房客必須要先交還房屋（參考 P.130），目的是因為在未返還房屋之前，房東無法計算房屋的損害等金額，因此房客不得以房東尚未返還敷金為理由拒絕返還房屋。而因為敷金性質上是一種債務的擔保，因此只能由房東主張抵銷，房客不可單方主張將積欠的租金以敷金作為抵銷。這是為了考量若將敷金作為租金抵銷的話，則房東的擔保（也就是敷金）的金額就會減少，對房東來說非常不利。

除了敷金之外，日本的租賃習慣上還有一項「禮金」，在台灣人概念上是比較難以理解的，它本身不像敷金帶有擔保的性質，其代表的意義就是感謝房東把房屋租給你的一種謝禮。事實上日本法律並沒有禮金的依據，它就是一種經濟上的慣行，從過去一直有的習慣，也因為是謝禮，所以即使契約終止之後，房東也不會將禮金返還。

③其他

　　另外，還有一些事項，是契約應當清楚載明的要點：

＊限定房屋使用目的： 究竟是居住用、店鋪營業用、辦公室用等要具體載明。

＊未經同意禁止轉租、轉讓租賃權的條款： 若禁止房客作為二房東再將房屋轉租出去的話，一定要記得載明禁止條款。

＊解約條件與事由： 若允許中途可以解約，可以訂明解約的條件，例如須2個月前通知等。

🏵 日語關鍵字

賃料	租金	テナント	承租人（房客）
家賃	房租	礼金	禮金
敷金	押金	保証人	保證人

契約書範本

　　介紹完所有的契約之後，這裡再提供兩種契約書範本（日語版），大家可以自行下載，對照上述的內容，以了解日本的房屋契約。

「租賃契約標準契約書」範本：
http://www.mlit.go.jp/jutakukentiku/house/jutakukentiku_house_tk3_000019.html

「定期租賃契約標準契約書」範本：
http://www.mlit.go.jp/jutakukentiku/house/jutakukentiku_house_tk3_000050.html

# 新手房東看這裡

上一節介紹了日本租屋流程與契約，相信大家都能成功找到房客，但簽約之後才是工作的開始，第一次當房東，難免有許多細節不清楚，本節就要教大家如何成為一位稱職的房東。

房東的工作與花費

頭上上著髮捲出門收房租的形象，這是很多人對房東的印象，但其實除了收租金以外，還有不少必須處理的事務，以及許多支出開銷。接下來，分別介紹房東的工作內容與必要花費。

房東應該做什麼？

身為房東，必須負起許多管理與修繕的責任，以下概略介紹房東的工作範疇，還有應負哪些修繕義務，其中也包含了可能的開支花費。

基本工作內容

租金收取	定時向房客收取或催繳租金
建物管理	共有部分的清掃、布置整理、建物外圍的整修、走廊的維護、燈光的保持、垃圾場的清潔等。
房客違反規範的處理	房客違反契約規定使用房子時的應對，若造成其他房客困擾時須盡速處理。
投訴處理	如水管漏水、電氣、瓦斯、噪音等問題的投訴處理。
退房時	房屋整理、敷金計算等。

修繕義務

　　按照租賃契約，房東必須要提供給房客適於居住的房屋。除了房客自己故意或過失的行為之外，若有發生房屋破損或是髒汙，使房客無法正常的使用房屋時，房東就有修繕的義務。而房東如果有怠於修繕的行為時，房客可以自行修繕，這時候自行修繕所產生的費用，因為是維持與管理房屋可供居住的必要費用，房客可以向房東請求返還。

　　另外，因房屋進行修繕，而在生活上發生某些程度的妨害，這就是房客必須要忍耐的部分，稱作房客的「忍受義務」。例如修理管壁時所產生的噪音等，即使已經影響生活品質，在這短暫的一段時間房客還是必須要忍受。若房客不願意忍受妨害，房東有權請求解除契約（日本判例），但這個妨害還是必須要是在合理的範圍內，如果超過可以忍受的合理範圍，房東還是無權解除契約。例如因為修繕工程的進行，房客必須要在外投宿，房東還是要負擔一定比例的在外投宿費用，合理範圍內減輕房客的負擔。

★常見修繕範例

範例	房東是否須負修繕義務
下雨造成的房屋漏水	○
門鎖無法緊閉或鎖上、窗戶無法閉合	○
門開合時所產生不易引起注意的聲音	×
建物部分老化但不影響使用	×
因房客的過失所造成的破損	×

＊必要費與有益費的請求
- #### 必要費

　　所謂的「必要費」，是指因為房東對於房屋有管理與維持的義務，使房客就房屋使用與收益的目的能達到滿足的狀態，而這樣管理與維持的花費，就稱為「必要費」，例如馬桶阻塞的修理等，是確保建物的最低限度機能所支出的花費。「必要費」原則上由房東負擔，若房客在緊急或一時情況下代替房東支

出了這樣的「必要費」，房客可以在租賃關係持續中的任何時間向房東請求。

- **有益費**

「有益費」是指為了建物的改良所支出的費用，例如將老舊壁紙拆除貼上新壁紙等，不同於「必要費」是建物必要不可欠的支出，「有益費」則是讓建物價值變高的花費。而「改良」原則上必須讓建物有增加價值的成果，才被視作改良，且透過改良增加房屋價值的部分，必須要是建物所不可分的構成部分的改良才算，如果是像購置沙發這種房屋內部擺設的支出，就不可視為「有益費」。

與「必要費」可以隨時請求不同，「有益費」須待租賃契約終止後於房客交還房屋時，才可以向房東請求。並且不是說當初花費多少就可以請求多少，而是看最終交還房屋時，當時所做的改良還剩下多少價值，在以相同比例來計算「有益費」。

房東的必要支出

了解在日本出租房屋需要支出的基本必要費用，不僅可以在投資上詳細計算成本，於年度申報所得稅時也可以扣除。

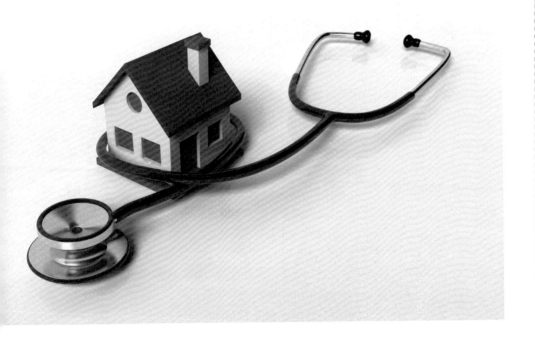

★基本支出費用

管理費	建物管理公司的管理費用（參考 P.116）
修繕基金	每月應繳交的修繕基金（參考 P.79）
租賃管理費	如果把出租的業務另行委託給負責物業經營業務的建物管理公司（參考 P.116），進行房客招募或收取租金等事務，須支付的管理費用
損害保險金	房屋的火災保險以及地震保險等
修繕費	房屋內部的裝修費，熱水器、冷氣等設備的維修與更新等等的支出
稅金	持有房屋時需要繳交的稅金，如固定資產稅等（參考 P.74）
貸款利息	房貸的利息也是必要經費
貸款保證金	若以支付保證金的方式作為貸款保證人的替代，所支付的貸款保證金也是必要經費
其他費用	委託稅理士申報所得稅費用、交通費、清掃、消耗品等其他支出

①繳納所得稅

作為房東，因為在日本境內有收入，就必須向日本繳納所得稅，日本所得稅的條件、說明與稅率詳見下表。

★所得稅

條件	有租金收入時
說明	1. 自 1 月 1 日～ 12 月 31 日一年間的租賃收入所得課徵所得稅。 2. 房東非居住於日本，承租人為法人、或承租人是個人但非房東自己或房東的親屬居住時，不動產之承租人支付租金時，須繳交所支付租金之 20% 做為預繳所得稅。亦即，支付給屋主（非定居於日本）的金額為租金的 80%，剩餘的 20% 為預繳所得稅，該預繳所得稅必須在支付租金後的次月 10 日之前繳交給稅務署。此為日本政府為防止非在日定居的房東逃漏稅所制定的政策，要求支付租金給房東之前就需預先徵收。 3. 非在日定居房東可以在每年報稅時，依據年度申報扣除必要費用，精算被徵收的預繳所得稅稅額，如果預繳的稅金過多，可以獲得退稅。 4. 房屋是由屋主本人或親屬（配偶、6 等內血親、3 等內姻親）居住，則不需繳納預繳所得稅。

★ 所得稅率（2018 年 12 月現時點為準）

淨所得 （日幣）	稅率	控除額 （日幣）
195 萬以下	5%	0
195 萬～ 330 萬以下	10%	97,500
330 萬～695 萬以下	20%	427,500
695 萬～ 900 萬以下	23%	636,000
900 萬～ 1800 萬以下	33%	1,536,000
超過 1800 萬	40%	2,796,000

② 確定申告

　　確定申告類似於台灣的綜合所得稅，因為台灣買家將房屋在日本出租，也必須繳納日本的賦稅，將每一年 1 月 1 日至 12 月 31 日止的年度總收入金額，向房屋所在地的稅務署提出申報。

　　若房東並非居住於日本，依法承租人為法人、或承租人是個人但非房東自己或房東的親屬居住時，承租人在支付租金時，已將租金之 20% 做為預繳所得稅繳納給稅務署，此時房東可於申報時提出必要費用的證明資料，作為出租時所產生的必要支出抵繳稅金，可於稅務署申報後獲得精算，將多餘繳納的稅金返還。

　　另外，因納稅通知書只會寄送日本國內的地址，因此台灣買家若於日本沒有住所，需要再另行委託「納稅管理人」，代為在日本辦理申報，申報期間為每年的 2 月中至 3 月中。

租賃收入

租金收入 (15 萬 × 12 個月) =180 萬

禮金收入 (15 萬 × 1 個月) = 15 萬

合計：**195** 萬

必要費用

管理費 (1.5 萬 × 12 個月) =18 萬

修繕基金 (0.5 萬 × 12 個月) =6 萬

租賃管理費 (15 萬 × 5% × 12 個月) = 9 萬

稅金：12 萬

貸款利息：20 萬

其他：20 萬

合計：**85** 萬

租賃淨所得

195 萬 -85 萬

= **110** 萬

稅額計算

課稅所得金額 (淨所得 110 萬 - 基本扣除額 38 萬) =72 萬

所得稅額 (課稅所的金額 72× 5% - 扣除額 0 萬) = 3.6

應繳稅額：**3.6** 萬

③建物管理公司

　　台灣買家因為居住在台灣，購買日本不動產作為投資，最大的問題就是無法親自管理的困擾，這在日本可以很輕易的獲得解決。日本不動產業的建物管理公司發展非常健全，可以說是從販售到交屋到管理到出租，一條龍的完成所有的工作。

　　當中的物業經營業務，主要就是負責支援租賃管理的服務。甚至有些管理

公司已經發展到不僅代為收取租金、管理建物，甚至於每年報稅季節代理屋主處理繁雜的稅務問題，並且提供納稅試算及納稅管理的服務。但事實上，物業經營業務的建物管理公司還會再細分兩種型態：

＊管理委託型態

房東與建物管理公司簽訂委託合約，將出租物件委由管理公司代為收取租金與修繕工作的方式，即為管理委託的型態。特色在於租賃關係還是存在於房東與房客之間，僅管理的工作由管理公司代行。基本範例參考如下表，實際的內容還是以雙方所簽定的管理委託合約而定，管理費用約為租金的 10%。

物業經營業務

房客募集	租賃中	租賃終了時
• 招租業務企劃 • 設定租金 • 廣告與散布訊息 • 推薦房屋資訊 • 現場介紹看屋 • 審查房客條件及保證人資格 • 重要事項說明 • 租賃契約締結 • 產物保險等加保手續 • 交付鑰匙	• 租金收取業務 • 收款後固定時間結算匯款給屋主 • 催繳延遲的租金 • 投訴對應 • 建物清掃 • 建物檢查確認 • 建物維持管理 • 房屋修繕 • 處理合約更新手續 • 定期向屋主報告	• 辦理解約手續 • 解約時的現場房屋點交 • 房屋打掃以及回復原狀工程 • 更換門鎖 • 結算敷金及退還 • 空室維持管理

＊保證租賃型態

保證租賃型態是很特殊的業務型態，由建物管理公司直接向房東承租房屋，通常承租的期限會比較長，再由管理公司轉租給實際使用的房客。保證租賃型態的特色是由管理公司做為出租人負責所有的招租與管理責任，並且自行承擔空房期間的損失，對房客來說房東即為管理公司，實際上的原屋主不參與轉租後的任何事情。也就是說租賃關係是同時存在於原屋主與管理公司之間，以及管理公司與房客之間，彼此各自獨立。

必須要注意的一點是，因保證租賃型態的建物管理公司同樣有擔當管理物件的工作，因此原屋主與管理公司之間簽訂的租賃契約所約定的租金，可能會扣除約 10% 的管理費用，或者裝修房屋所必要的支出，都可能在租金中作扣除，因此原屋主實際上所取得的租金，會比直接出租給房客來的少，但不用承擔空房時期的損失，是一大利得。

屋主與保證租賃的建物管理公司及房客關係圖

🏵 日語關鍵字

賃貸不動産経営管理士	租賃不動產經營管理士

租賃不動產經營管理士是日本須通過考試取得執照，具備租賃公寓等出租管理業務的知識、技能與倫理常識的的專業人士。因租賃房屋攸關人們重要的生活起居，建物適當的維護與管理而營造安心的居住環境，是很重要的一項任務，因此為符合一般人對持續安定的優良管理服務的期待，建物管理公司的管理業務多由具備租賃不動產經營管理士資格的人來擔任。

不良房客怎麼治？

出租房屋最怕遇上不良房客，房東與房客之間的糾紛處理也十分複雜，因此本節將針對「不繳房租」和「違反契約」兩大類房客，提供預防與解決方案，協助各位房東們解決問題。

不繳房租

對房東來說最感到困擾的事情就是房客欠房租，尤其在日本要求房客退租不是一件容易的事，也無法一次欠繳租金就立即要房客退出，因此更加深房東租金欠收時的損失風險。

防止遲繳租金的重點

1. 租金推薦採用銀行自動扣繳的方式。
2. 簽約前作好房客資格調查，包括是否有足夠承擔租金的收入、有無連帶保證人或其他親戚，確保正確的聯絡方式。
3. 租賃契約書清楚記載欠繳租金的處理，例如遲延達幾個月即解除租金等。
4. 以租賃保證公司作為承租要件。（參考 P.109）藉由與租賃保證公司簽訂契約的方式，是最安全能確保收取租金的方法，由租金保證公司在租金遲延時，代替房客繳納給房東。這樣的方式雖然可以減輕房東的風險，但顯然會因為租賃保證公司的費用而增加了入住的成本，此外與租賃保證公司的契約有期限，期限到期後還有更新費用的問題。

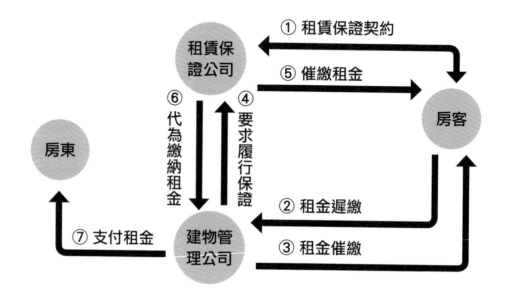

透過租賃保證公司保證租金的收取

① 租賃保證契約

⑤ 催繳租金

租賃保證公司

⑥ 代為繳納租金

④ 要求履行保證

房東

房客

② 租金遲繳

③ 租金催繳

⑦ 支付租金

建物管理公司

解除契約

　　若房客欠繳租金，房東可以要求解除契約，但很重要必須注意的事項是「催告」的行為。

　　「催告」事實上是一種通知的動作，但是是會發生法律效力的一種法律行為。在日本民法上，「催告」是因為欠繳租金而解除租賃契約的必要前提條件，房東必須要先通知房客繳納欠繳的租金，並訂出一個期限，通常是用存證信函的方式通知，在此期限內如果房客仍然不繳納，房東才可以解除契約。

　　簡單來說，房客在第一次的房租繳納日期沒有繳納，房東不可以馬上就說契約解除，必須再訂一個新的期限並告知房客交房租，如果房客在這個期限內還是不交的話，房東才可以解除契約。解除契約之後，房東就可以進行後續要求返還房屋的動作。

解除契約的流程

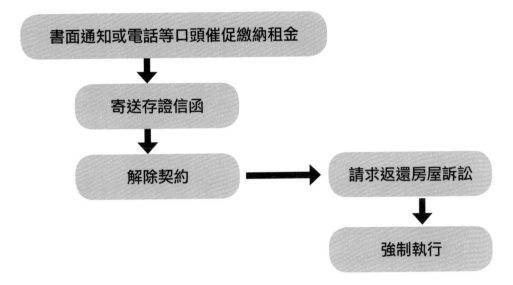

書面通知或電話等口頭催促繳納租金

↓

寄送存證信函

↓

解除契約 → 請求返還房屋訴訟

↓

強制執行

是否能因一次欠繳租金就解除租賃契約？

　　答案是否定的。對房東來說，租金是房東最重要的收入，因此欠繳租金事實上是很嚴重的租賃契約的違反。因此很多房東在製作租賃契約的時候，可能會增加「欠繳 1 個月份的租金，立即解除契約並返還房屋」這樣的條款。

　　但租賃契約對於房客來說，是與生活息息相關，嚴重影響生活安定的法律關係，因此在日本法保護房客的立場來看，是不會輕易的讓租賃契約被解除。如前面一直再強調的，要解除租賃契約的前提，必須要存在房東與房客間的信賴關係被破壞的契約違反行為，這是很重要的日本法觀念。若僅僅是欠繳 1 個月的房租，很難到達房東與房客間的信賴關係被破壞的程度。因此，若因一次欠繳租金就解除契約，在日本的實務上是否定的，且這樣的條款規定也不會被承認。

　　那究竟怎麼樣的欠租才可以解除契約？實務認為最少要欠繳 3 個月以上的租金，才有可能解除契約，不過還是會根據個案來看，例如除了欠繳租金外，房客還有其他如製造噪音的騷擾行為，可能可以縮短月數。另外，若房客欠繳租金是因為其他不得已的原因，例如因傷而短期無法工作在家休養，則月數也可能被拉長。

欠繳租金的請求

對於遲遲不肯繳納租金的房客，除了透過解除契約取回房子外，重要的是積欠的房租要怎麼辦？以下介紹日本請求清償債務的法律手段。

①少額訴訟

首先是訴訟的手段，藉由取得勝訴判決作為執行名義（註：執行名義為請求法院強制執行的必要文書），才能用強制執行的方式透過法院強制房客返還。

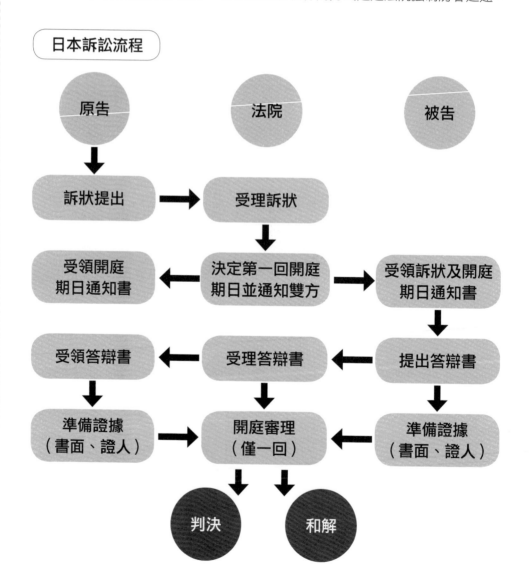

日本訴訟流程

原告	法院	被告
訴狀提出 →	受理訴狀	
受領開庭期日通知書 ←	決定第一回開庭期日並通知雙方 →	受領訴狀及開庭期日通知書
受領答辯書 ←	受理答辯書 ←	提出答辯書
準備證據（書面、證人） →	開庭審理（僅一回） ←	準備證據（書面、證人）
	判決　　和解	

租金債務一般標的金額都不高，採用「少額訴訟」是最常見的。「少額訴訟」最重要的要件是訴訟標的金額要在 60 萬日幣以下，也就是房客積欠的租金沒有超過 60 萬日幣的情形。（需要注意的是，少額訴訟只能用於請求金錢債務，若是解除契約後的請求返還房屋，還是需要用一般的訴訟方式來進行。）

＊分析
- 訴訟標的金額以60萬日幣以下為限。
- 開庭審理以1次為原則，不適用於法律事實太過複雜的案件。
- 因一次開庭即結束，證據及證人等均要事前妥善準備，以證明自己的主張。
- 與一般的民事訴訟判決有相同的效力。
- 得到勝訴判決後，還須向法院申請強制執行。

②民事調解 （日語：民事調停）

調解為一種訴訟外的解決紛爭手段，訴訟是由法官來作判決，調解則是由1人法官（調解官）和各行業的專家中所許選出的調解委員 2 人以上所組成的調解委員會，在聽過雙方當事人的意見，若有必要的話會作基礎的案件事實調查後，作出判斷來解決紛爭。調解可以說是法院向爭議雙方提供「協商」的機會和場所，不希望跟對方以激烈的手段解決糾紛時可以使用。

另外，調解程序並沒有那麼嚴格的訴訟主張和舉證責任，所以如果法律上的立論比較困難，或證據不足時，也可以考慮選擇民事調解的方式。民事調解的特色是跟確定判決具有一樣的效力，因此也可以將調解的判斷作為執行名義向法院請求強制執行。需要注意的是，民事調解畢竟是一種協商的程序，如果其中一方不肯接受調解方案而無法達成合意，則最後還是只能透過訴訟來解決爭議。

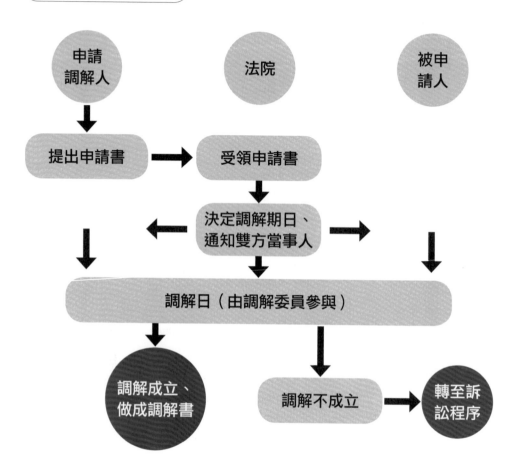

日本民事調解流程

申請調解人 → 提出申請書 → 受領申請書

法院

被申請人

決定調解期日、通知雙方當事人

調解日（由調解委員參與）

調解成立、做成調解書

調解不成立 → 轉至訴訟程序

＊分析

- 程序較訴訟簡便。
- 調解若成立，調解書與判決有相同效力。
- 調解書可作為執行名義申請強制執行。
- 調解若不成，申請人須另行提起訴訟。

③支付命令（日語：支払督促）

　　若是標的為金錢、有價證券、及其他可替代物的給付，在認為有理由的前提下，可以經由債權人的請求，由法院發出支付命令。若債務人在 2 週內對於該債務沒有提出異議，債務人可以該支付命令，申請假執行。

支付命令的流程

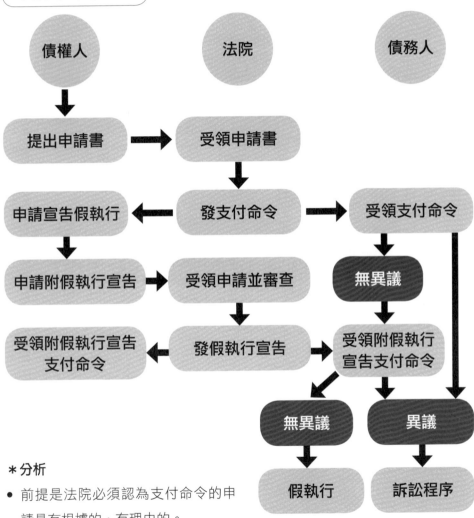

＊分析

- 前提是法院必須認為支付命令的申請是有根據的，有理由的。

- 費用僅訴訟程序的一半

- 法院宣告附假執行命令後2週內，債務人可聲明異議。之後進入訴訟程序。

- 若法院宣告附假執行命令後債務人無異議，可以進行假執行。

- 僅採書面審理

違反契約

　　除了房租上的金錢糾紛外，另一種常見的狀況就是違反契約。違反契約的行為如：違法轉租、超過約定的居住人數、違反使用目的、違法改建或裝修等，上述行為詳細說明及處理方式請見下文。

違法轉租

　　違法轉租是指未經過房東的同意，房客將房屋轉租給別人。依日本法律規定，沒有得到出租人的同意，承租人不得任意將所承租的房屋轉租給第三人，若在未經同意下轉租出去，原則上出租人可以解除契約，這就是違法轉租的法律效果。

　　這樣的規定是基於房東在出租房子時，已就房客的基本狀態、是否有足夠的經濟能力等條件作了審查後，才決定將房屋出租給房客，房東跟房客之間存在一種信賴的關係。若房客將房屋任意的出租給房東所不知悉的其他人，可以視為「破壞信賴關係」的行為，因此房東可以要求解除契約。

　　但是，雖然法律有如此的規定，實際應用到生活上並不表示只要將房屋交給別人使用就絕對禁止。因為違法轉租的理由是基於房客的行為「破壞信賴關係」，房東能不能夠主張解除契約，衡量的標準就在於這層信賴關係有沒有被打破。舉例來說，房客將一部分房間無償提供給自己的妹妹使用，在這個情形中並沒有像轉租一樣將房屋交給與房客毫無相干的第三人，也沒有造成房東有任何的不利益，因此房東不可以此解除契約。

　　因此問題的重點在於房客的行為有沒有到達破壞信賴關係的「背信行為」的程度，如果房客將房屋提供給他人使用將妨礙房東收取租金，或是妨礙房東對建物的管理及保護，就是違法的轉租行為。

居住人數超過約定入居人數

　　租賃契約簽訂的時候，通常會在契約上載明居住者的姓名、入居人數，因為居住的人數影響範圍不僅是水電費的增加，對於鄰居所產生的噪音，以及房屋損害的危險度也會增加。一般來說如果是家庭，可以預想將來會有孩子出生、

祖父母同住等情形產生，因此一般的住宅租賃契約，並沒有增加人數的限制。

　　但例外情況下，還是可能有限制居住人數的租賃契約，尤其是一人套房。日本有很多的一人套房，就是規劃給一個人居住，因此房東在出租時也是預測僅有一人居住，若將來房客找朋友或另一半一起共住的話，事前沒有向房東報告就可能會有契約違反的問題，最糟糕的結果是會被解除契約。

使用目的違反

　　使用目的違反是指在簽訂契約時約定好房屋的使用目的，例如「居住」或「辦公室」，實際上卻作目的以外的使用，例如以居住為目的所承租的房屋，卻作為便利商店經營，即使該建物本身為住商混合，沒有限制使用目的，但仍有違反租賃契約使用目的的問題，可能會被解除契約。

　　在實務上有將住宅作為教會利用、或是做為麻將遊戲間而被解除契約的例子，但也不是絕對，例如本身是作電腦軟體開發的工程師，將自己居住中的房屋放置電腦作為工作室，形式上其實是在家工作的一種型態，沒有對外來客開放、也不需要將房屋進行改裝，基本上這樣的使用就不能被認為是可以解除契約的違約行為。

　　當然，即使當初的契約有約定限制使用目的，但若經過雙方的協商房東也同意後，還是能就契約目的作變更。

違法改建或裝修房屋

　　依照日本法律，房屋承租人負有依房屋本來的目的，以不造成建物損傷的方式使用的義務。因此若未經房東同意任意改建或裝修房屋，即使契約上沒有任何約定，仍是一種義務上的違反行為。但房客的違法改建或裝修房屋，是不是一定會造成解除契約的結果，還是要看房客的行為有沒有破壞與房東間的「信賴關係」。具體來說，就是針對裝修改建部分的大小以及可否輕易拆除，和有沒有對建物的價值產生影響來判斷。

　　舉例來說，將和室的房間改造成洋室的房間，就明顯是會造成影響的程度，這時候已經破壞與房東間的「信賴關係」，因此房東隨時可以要求工程中止，也能夠要求將房屋回復原狀。若房客不願遵照房東的指示，房東有權解除契約。

　　站在房東的立場來看，如果反對房客改建或裝修房子，一定要從開始就清

楚表明立場，不能夠在前面幾次的裝修時沒有表示反對，在後面的裝修時才表示反對，則前幾次沒有反對很可能會被認為是有默認，立場就變得很不利，因此再表示反對而要解除契約的話，就可能不會被法院同意。

　　另外，即使在契約上清楚表示禁止裝修或改建，仍舊不是必然可以依此約定解除契約，還是要看雙方間的「信賴關係」有沒有被破壞，這個重點一定要注意。

🏠 小提醒

以上契約違反行為的注意事項：

- 解除契約的前提還是在於有無破壞雙方間的「信賴關係」。
- 即使契約有明確約定禁止事項，也不是馬上可以解除契約。
- 一知悉違反行為的發生，必須先作「催告」。
- 違反契約行為發生後房東的行為很重要，若無積極反對容易被認定有默認。
- 若經催告後仍不獲改善，房東可表示解除契約。
- 最好是能雙方合意解除契約。
- 若一方拒絕解除契約，需透過法律程序解決，如訴訟。

房客退租後

天下無不散的筵席，租約期滿後，房東與房客的關係也就隨之結束，如果沒有繼續續約，房客或許就會尋找下一個住所，這時，只要再完成幾件事情，就可以順利退租囉！

退租後的處理事項

假如租約到期，房客確定要退租，那麼就必須著手進行「租約終止」、「回復原狀」和「敷金返還」，接著就來介紹需要注意的細節和相關規定。

租約終止

一旦房客決定退租，首先要處理的就是租約終止，而終止租約的注意事項，例如效力終止時期、終止手續、鑰匙返還以及什麼時候可以開始找尋新房客等相關細節，以下都有詳細的說明。

①租賃契約效力終止時期

租賃契約發生終止的效力，依照提出人的不同會有不一樣的效果。

提出人	理由		契約終止時間
房客	依特約解除事由解除		依照特約約定 （一般為提出 2 個月後）
	中途解除契約（需有特約約定）		依特約時間終止
	契約到期不繼續承租	定期租賃契約	到期終止
		一般租賃契約	到期終止
	不定期租賃契約		提出 3 個月後
房東	契約到期不繼續供租	定期租賃契約	通知 3 個月後
		一般租賃契約（有正當的理由或立退金）	通知 6 個月後
	不定期租賃契約 （有正當的理由或立退金）		通知 6 個月後
	房客欠繳房租		催告繳納租金期間經過後

②契約終止手續

向房東或不動產仲介公司提出契約終止的表示可以口頭提出，但還是以書面居多。

③租賃契約終止後的房租處理

若契約終止當日並非月底而是月中的情況時，該月的房租多按月計算。

④終止後的房客募集

因為已經提出終止租約的通知，雖然距離實際契約終止的時間可能還有幾個月，但因為已經是預定要退出的狀態，所以房東以及不動產仲介公司都可以開始進行新房客的募集。

⑤退出房屋時的親自確認與鑰匙返還

因為之後還有房屋回復原狀與敷金計算的問題，因此在房客退出房屋時，房東多會希望親自在場就房屋做最後的確認。若房屋是交由不動產仲介公司管

理，或是會再做重新的裝修與打掃，則可能由不動產仲介公司或裝潢公司派人做房屋確認的工作。

另外，在退出的當日，房東或管理公司人員除了會確認房屋有無破損以外，還會做有無遺落物的物品確認，以及最終的鑰匙返還。且基本上必須房客本人在場，若房客無法在場的話就要委託代理人，代理人需要有委託書以及房客本人的身分證明書，方可代替房客辦理退租。

⑥立退金

「立退金」是日本很獨特的制度，如同前面一直重複提到的日本對房客的保護較為周全，因此房東不能輕易的終止租約，要終止契約或是到期拒絕更新（參考 P.106），就必須要有「正當的理由」，如果正當理由不夠充分，可能可以藉由支付「立退金」作為補足「正當的理由」的強度的手段。

簡單來說，「立退金」是房東支付給房客退租的補償金，在實務上並非法律規定必須一定要支付的費用，金額也沒有明確的標準。至於「立退金」的金額，可能該當搬家費用、商用經營時的營業補償，還會考量租賃契約期限年數、租賃房屋的構造與規模、房租金額、以及禮金與押金有無等狀況。

回復原狀

契約終止後要處理的就是回復原狀。回復原狀是指起因於房客本身的故意或過失等注意義務的違反，以超過通常的使用或居住方式而造成耗損或損毀，使建物價值減少，此時在租賃契約終止後，房客退出房屋時，就必須要負起將房屋回復原狀的義務。

必須注意的是，回復原狀並非指回復到當初租房時的最原始狀態，而是回復到房屋經過正常的使用，自然的變化老舊後的合理狀態。

房屋損害責任分配

與前面提到房東所負的修繕義務不同，修繕義務是在正常的使用下房屋發生居住上的劣化或破損等問題，**房東**所要負起的修繕房屋的義務。而回復原狀義務則是**房客**方面要負擔的，在退租時清空家具、行李、拆除冷氣等設備，將房屋回歸到正常的可供出租、下一位房客可隨時入住的狀態。對於回復原狀的問題日本國土交通省發布了一個指導原則（參考 P.133），法院也參考該原則來判斷。一般來說，按照該原則房東負擔責任的部分較多。

★常見損害責任分配

原因	內容	責任承擔人
長年劣化	因為長時間而產生的老化、污漬。 例如：壁紙發黃、水管老舊漏水	房東
通常損耗	在一般生活下通常的使用而造成的建物耗損。 例如：牆壁的使用痕跡、水管阻塞不通、地板磨痕	房東
房客故意或過失造成損耗	超過普通生活程度、因故意或過失造成的建物損害。 例如：兒童於壁紙上塗鴉、抽菸引起的牆壁煙燻痕跡、寵物造成的地板抓痕	房客
遺留物的撤除	房客於搬家後所製造的遺留物，包括垃圾以及想丟棄的家具，這些遺留物的撤除與清掃所產生的費用。	房客

實務上，回復原狀是解除租賃契約後最容易發生紛爭的部分。尤其在台灣，一般房客並沒有回復原狀義務的概念，在退租時很容易拍拍屁股就走人，甚至將搬家所製造出來的垃圾與不需要的物品，擅自遺留下來給房東處理，這些在法律上都是不允許的。

台灣的房東在遇到這樣的房客，大多都是自認倒楣，但因為在日本是謹慎的處理租賃終止後的房屋交還程序，房客所負擔的回復原狀義務會被徹底執行，所以如果違反這個義務，影響最大的就是最後敷金的計算（參考 P.133），房東可以將房客未完成回復原狀的部分，代行完成，所增加的費用可以從敷金（或押金）中扣除。

因此，為避免後續的紛爭，回復原狀的義務範圍就要明確，什麼是房東負責的部分，什麼又是房客應該要負責的部分，界線模糊不容易判斷的部分最好能在租賃契約上詳加規定。

🏠 回復原狀義務範圍參考網站

日本國土交通省「回復原狀紛爭指導原則」

（日語：原状回復をめぐるトラブルとガイドライン）

http://www.mlit.go.jp/jutakukentiku/house/jutakukentiku_
house_tk3_000021.html

東京租賃住宅紛爭防止條例（東京規則）的「租賃住宅紛爭防止指導原則」

（日語：賃貸住宅トラブル防止ガイドライン）

http://www.toshiseibi.metro.tokyo.jp/juutaku_seisaku/
tintai/310-4-jyuutaku.htm

敷金返還

當初簽訂租賃契約時，為了擔保房客有繳交一定金額給房東，此即為敷金（參考 P.109）。在房客退租後的最後一道程序，就是計算敷金後返還。

敷金其實就是台灣概念上的押金，與敷金最相關的就是回復原狀的義務，換句話說，敷金的目的其實就是要擔保房客履行回復原狀的義務。在正常一般的情況，若房客很正常的使用房屋，並且在搬家時完成所有的物品撤出的動作，且過程沒有造成任何房屋損壞，房東就必須要將敷金全額退還，即完成全部退屋的程序。

但實務上，房屋損壞的標準、以及房東房客義務的範圍，其實都是一個很抽象的概念，即使有法律以及指導原則可供參考，但牽涉主觀的判斷標準，因此在具體適用上還是有一定的難度。

①敷金診斷士

為了解決敷金計算困難這個最容易發生爭執的問題，在日本有一個專門的職業即為「敷金診斷士」（事實上敷金診斷士並不非常普遍，但是是一個可以考慮的解決問題的方式，也是日本很特別的職業，因此在此做簡單的介紹）。

房東退還給房客敷金後，房客認為敷金被扣除的額度比自己設想的還高，雙方即發生爭議，此時「敷金診斷士」就可以站在第三人的角度，就回復原狀的費用再做重新的查定，計算出最合理的返還敷金金額。

＊「敷金診斷士」的好處

- 房東計算的回復原狀費用太高時，可以請求返還多扣除的部分
- 以第三人公正的立場，減少房東與房客間的爭執

＊適合找「敷金診斷士」的人

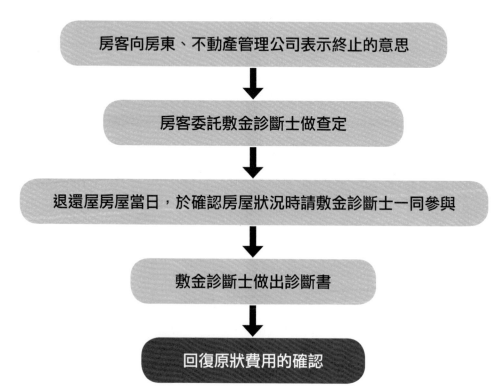

敷金診斷士處理流程

房客向房東、不動產管理公司表示終止的意思

↓

房客委託敷金診斷士做查定

↓

退還屋房屋當日，於確認房屋狀況時請敷金診斷士一同參與

↓

敷金診斷士做出診斷書

↓

回復原狀費用的確認

- 居住時沒有預繳敷金的人
- 有吸菸的人
- 秘密飼養寵物的人
- 居住超過10年的人

②敷金返還時期

　　房東與房客雙方就回復原狀的費用有共識，並對敷金返還的金額達成共識時，房東就應該將剩餘的敷金返還給房客。經過這一串精算的過程，一般是在房客退出房屋之後 1 個月內支付剩餘敷金。

　　另外，當初簽訂租賃契約時，房客一併繳交的除了「敷金」還有「禮金」（參考 P.110）。「敷金」是欠繳租金與回復原狀費用的擔保，有剩餘須退還；「禮金」是感謝房東把房屋租給你的一種謝禮，退租時不須退還。

結語

　　在日本購買不動產的投資行為在這幾年非常普遍，尤其東京奧運及大阪萬博會的影響，日本不動產的行情看漲，但台灣投資客因為不了解日本環境，在成本考量上往往與初估的金額產生差距。除此之外，如果因為不動產買賣引發糾紛，要在日本興訟或是求償，成本都比在台灣高出許多。為了避免後續產生的誤會及糾紛，一定不要持有依賴或全權交由台灣或是日本的不動產業者協助的心態，一定要自己親力親為，搞懂每一個細部跟環節，即使很多工作還是要透過仲介來完成，但至少要清楚仲介協助的工作內容是什麼，支出的費用是使用在什麼地方。

　　而事實上，不動產仲介業者的專業在銷售、以及尋找好的物件上，對於法律方面的把關比較困難，尤其對契約內容的敏感度也較為不足。但法律呢，就是不要出事就離生活很遠，一出事就會有怎麼當初不再小心一點的感慨。作為一位在日本工作的律師，遇到的台日間不動產糾紛不少，都是因為兩國在認知上的差異，以及對法律的規定掉以輕心所致。希望這一本書，能讓台灣投資客在購買日本不動產之前能了解更多資訊，正確評估風險後，再踏出安穩的一步。

附録 | 重要事項説明書

重　要　事　項　説　明　書
（売買・交換）
（第一面）

年　　月　　日

殿

　下記の不動産について、宅地建物取引業法（以下「法」という。）第35条の規定に基づき、次の
とおり説明します。この内容は重要ですから、十分理解されるようお願いします。

商号又は名称
代表者の氏名　　　　　　　　　　　　　　　　　　　　印
主たる事務所
免許証番号
免許年月日

説　明　を　す　る宅地建物取引士	氏　　　名	印	
	登　録　番　号	（　　　　）	
	業務に従事する事務所	電話番号（　　　）　　　－	

| 取　引　の　態　様（法第34条第2項） | 売買　・　交換 | |
| | 当事者　・　代理　・　媒介 | |

土地	所　在　地				
	登記簿の地　　　　目		面積	登記簿面積　　　　㎡
				実測面積　　　　㎡
建物	所　在　地				
	家　屋　番　号		床面積	1階　　　㎡	計　　㎡
	種類及び構造			2階　　　㎡	
売主の住所・氏名					

136

（第二面）

I　対象となる宅地又は建物に直接関係する事項
　1　登記記録に記録された事項

	所有権に関する事項 （権利部（甲区））		所有権以外の権利に 関する事項（権利部 （乙区））
		所有権に係る権利に 関する事項	
土 地	名義人　　氏　名 　　　　　住　所		
建 物	名義人　　氏　名 　　　　　住　所		

　2　都市計画法、建築基準法等の法令に基づく制限の概要
　（1）都市計画法・建築基準法に基づく制限

1 都 市 計 画 法	区　域　の　別	制　　限　　の　　概　　要		
	市 街 化 区 域 市街化調整区域 非 線 引 区 域 準都市計画区域 そ　　の　　他			
2 建 築 基 準 法	イ 用　途　地　域　名	制　　限　　の　　内　　容		
	ロ 地域・地区・街区名等	制　　限　　の　　内　　容		
	ハ 建築面積の限度 　　（建蔽率制限）	（敷地面積　　　　㎡ －　　　　㎡）×　　＝　　㎡		
	ニ 延建築面積の限度 　　（容積率制限）	（敷地面積　　　　㎡ －　　　　㎡）×　　＝　　㎡		
	ホ 敷地等と道路との関係			
	ヘ 私道の変更又は廃止の 　　制限			
	ト そ の 他 の 制 限			

（第三面）

（2）（1）以外の法令に基づく制限

	法　令　名	制　　限　　の　　概　　要
1		
2		
3		
4		

3　私道に関する負担に関する事項

負担の有無	有　　・　　無	備　　　　考
（負担の内容） 　面　積　　　　　　　　　㎡ 　負担金　　　　　　　　　円		

4　飲用水・電気・ガスの供給施設及び排水施設の整備状況

直ちに利用可能な施設		施設の整備予定	施設整備に関する特別負担の有無
飲用水	公営・私営・井戸	年　月　日　公営・私営・井戸	有・無　　　　　　円
電　気		年　月　日	有・無　　　　　　円
ガ　ス	都市・プロパン	年　月　日　都市・プロパン	有・無　　　　　　円
排　水		年　月　日　（　　） 浄化槽施設の必要　有・無	有・無　　　　　　円
備　考			

5　宅地造成又は建物建築の工事完了時における形状、構造等（未完成物件のとき）

宅 地	形状及び構造	
	宅地に接する 道路の幅員及 び構造	

（第四面）

建	形状及び構造		
	主要構造部、内装及び外装の構造・仕上げ		
物	設備の設置及び構造	設　置　す　る　設　備	構　　　　　造

6　建物状況調査の結果の概要（既存の建物のとき）

建物状況調査の実施の有無	有	無
建物状況調査の結果の概要		

7　建物の建築及び維持保全の状況に関する書類の保存の状況（既存の建物のとき）

	保存の状況	
確認の申請書及び添付図書並びに確認済証（新築時のもの）	有	無
検査済証（新築時のもの）	有	無
増改築等を行った物件である場合		
確認の申請書及び添付図書並びに確認済証（増改築等のときのもの）	有	無
検査済証（増改築等のときのもの）	有	無
建物状況調査を実施した住宅である場合		
建物状況調査結果報告書	有	無
既存住宅性能評価を受けた住宅である場合		
既存住宅性能評価書	有	無
建築基準法第12条の規定による定期調査報告の対象である場合		
定期調査報告書	有	無

昭和56年5月31日以前に新築の工事に着手した住宅である場合			
	新耐震基準等に適合していることを証する書類 書類名：（　　　　　　　　　　　　　）	有	無
備考			

8　当該宅地建物が造成宅地防災区域内か否か

造成宅地防災区域内	造成宅地防災区域外

9　当該宅地建物が土砂災害警戒区域内か否か

土砂災害警戒区域内	土砂災害警戒区域外

10　当該宅地建物が津波災害警戒区域内か否か

津波災害警戒区域内	津波災害警戒区域外

11　石綿使用調査の内容

石綿使用調査結果の記録の有無	有	無
石綿使用調査の内容		

12　耐震診断の内容

耐震診断の有無	有	無
耐震診断の内容		

13　住宅性能評価を受けた新築住宅である場合

登録住宅性能評価機関による住宅性能評価書の交付の有無	有	無
登録住宅性能評価機関による住宅性能評価書の交付	設計住宅性能評価書	
	建設住宅性能評価書	

Ⅱ　取引条件に関する事項
1　代金及び交換差金以外に授受される金額

	金　　　　額	授　受　の　目　的
1		
2		
3		
4		

2　契約の解除に関する事項

3　損害賠償額の予定又は違約金に関する事項

4　手付金等の保全措置の概要（業者が自ら売主の場合）
（1）未完成物件の場合

保　全　の　方　式	保証委託契約（法第41条第1項第1号）・保証保険契約（法第41条第1項第2号）
保全措置を行う機　　　　　　関	

（2）完成物件の場合

保　全　の　方　式	保証委託契約（法第41条第1項第1号）・保証保険契約（法第41条第1項第2号）・手付金等寄託契約及び質権設定契約（法第41条の2第1項）
保全措置を行う機　　　　　　関	

5　支払金又は預り金の保全措置の概要

保全措置を講ずるかどうか	講　ず　る　・　講　じ　な　い
保全措置を行う機関	

6　金銭の貸借のあっせん

業者による金銭貸借のあっせんの有無	有　・　無	
あっせんの内容	融資取扱金融機関	
	融　資　額	
	融　資　期　間	
	利　　　率	
	返　済　方　法	
	保　証　料	
	ローン事務手数料	
	そ　の　他	
金銭の貸借が成立しないときの措置		

7　瑕疵担保責任の履行に関する措置の概要

瑕疵担保責任の履行に関する措置を講ずるかどうか	講　ず　る　・　講　じ　な　い
瑕疵担保責任の履行に関する措置の内容	

8　割賦販売に係る事項

現金販売価格			円
割賦販売価格			円
		支払時期	支払方法
うち引渡しまでに支払う金銭	円		
賦払金の額	円		

Ⅲ　その他の事項
　1　供託所等に関する説明（法第35条の2）
　（1）宅地建物取引業保証協会の社員でない場合

営業保証金を供託した供託所及びその所在地	

　（2）宅地建物取引業保証協会の社員の場合

宅地建物取引業保証協会	名　称	
	住　所	
	事務所の所在地	
弁済業務保証金を供託した供託所及びその所在地		

不動産買賣契約書

不 動 産 売 買 契 約 書

　売主　　　　と買主　　　　とは、売主所有の末尾記載の不動産の売買につき、本日、次のとおり契約を締結した。

第1条（契約の目的）
　　　売主は、以下の約定により、末尾記載の不動産（以下売買不動産という）を売渡し、買主はこれを買受ける。

第2条（売買代金）
　　　売買不動産の売買代金は、金　　　　　　　　円也と定める。

第3条（売買不動産の面積）
　　　売買不動産の面積及び建物の構造等は、本日現在の登記簿上の表示によるものとし、その実測面積や構造等がこれと相違することがあっても、売主及び買主は相互に売買代金の増減を請求することができない。

第4条（手付金）
　　　買主は本契約締結と同時に、手付金として金　　　　　　円也を支払い、売主はこれを受領した。

第5条（仮登記）
　　　売主は買主に対し、本日限り、買主の所有権移転請求権保全のための仮登記手続をするものとする。

第6条（代金支払期日）
　　　買主は売主に対し、平成　　年　　月　　日限り、不動産売渡証書等所有権移転登記手続上必要な一切の書類及び第9条第2項所定の書類（以下総称して売渡証書等という）の交付並びに売買不動産の明渡を受けるのと引換えに、売買代金を次のとおり支払う。
　　　　1．金　　　　　　　円也は手付金をもって充当する。
　　　　2．金　　　　　　　円也を現金にて支払う。

第7条（明渡）
　　　売主は、その費用負担において売買不動産上に存する売主または第三者所有の動産等を完全に収去したうえで、買主に対し、前条の代金支払期日に売買不動産を明渡さなければならない。

第8条（所有権の移転時期）
　　　売買不動産の所有権は、売買代金の支払と同時に、売主から買主に移転するものとする。
　　2）　売買不動産の所有権移転登記申請は売買代金の支払と同時に行なうものとする。

第９条（担保責任）

　　売主は、売買不動産について、根抵当権、抵当権、質権、地上権、地役権または賃借権の設定、売主の債権者からの競売申立、差押、仮差押、その他所有権の完全な行使を妨害する瑕疵があるときは勿論、租税公課その他の付加金および負担金の未納等があるときは、それらの権利、瑕疵、負担を消滅せしめ、買主に対し、売買不動産の完全なる所有権を移転しなければならない。

2）　売主は、売買代金の支払を受けるのと引換えに、売買不動産上に設定されている根抵当権、抵当権その他一切の権利負担登記の抹消に必要な一切の書類を買主に交付しなければならない。

3）　第１項記載の権利の設定、瑕疵、負担等が存したため、後日買主に故障等が生じたときは、売主がその責を負い、一切買主に迷惑を及ぼしてはならない。

第10条（危険負担）

　　売買不動産が所有権移転前に天災その他の不可抗力等によって滅失または毀損したときは、その滅失または毀損は売主の負担とする。

第11条（諸費用の負担）

　　第９条第２項記載の権利負担登記の抹消登記手続に要する費用、登録免許税は売主が負担し、所有権移転の仮登記及び本登記の登録免許税は買主が負担する。

2）　所有権移転の仮登記及び本登記手続に要する司法書士手数料等の費用のうち、売渡証書作成費用は売主の負担とし、その余は買主の負担とする。

3）　本契約証書等に貼付する印紙税については、これを折半し、売主、買主、双方が負担する。

第12条（租税公課等の負担・収益の帰属）

　　売買不動産に関する租税公課その他の負担金等は、売渡証書等の交付日をもって区分し、その前日迄に相当する部分は売主の負担とし、その当日以後に相当する部分は買主の負担とする。

2）　売買不動産に関する平成　　年度の固定資産税及び都市計画税については、平成　　年４月１日を起算日として不動産売渡証書等の交付日の前日迄に相当する部分は売主の負担とし、その当日以後に相当する部分は買主の負担とする。

3）　売買不動産より生ずる収益の帰属については、第１項を準用する。

第13条（契約解除）

　　売主または買主のいずれか一方が本契約に基づく債務を履行しないときは、相手方は催告その他何らの手続を要せず、単に通知するのみで本

契約を解除することができる。

第14条（債務不履行）

　　　買主が本契約に基づく債務を履行しないときは、売主は、違約損害金として手付金を没収し、その返還義務を免れる。

　2）　売主が本契約に基づく債務を履行しないときは、売主は買主に対し、既収の手付金を返還するとともに、別に違約損害金として手付金と同額の金員を支払わなければならない。

　3）　売主または買主が、相手方の債務不履行によって手付金の額を超過する損害を蒙ったときは、その超過額の賠償を請求することができる。

第15条（合意管轄）

　　　本契約により生じた紛争については、　　　地方または簡易裁判所を専属的合意管轄とする。

第16条（疑義事項）

　　　本契約に定めなき事項、疑義ある事項については、その都度売主、買主双方誠意をもって協議のうえ、これを決定する。

不 動 産 の 表 示

　上記契約の証として本書面を作成し、各自記名、押印のうえ各１通宛所持する。

　　平成　　年　　月　　日

　　　　売主

　　　　買主

可以進行貸款的台灣的銀行

台灣銀行

電話：81-3-3504-8881

傳真：81-3-3504-8880

地址：〒 100-0011 東京都千代田內幸町 2-2-2 富國生命大樓 7 樓

　　　7F, Fukoku Seimei Building, 2-2 Uchisaiwaicho 2-Chome

　　　Chiyoda-Ku, Tokyo 100-0011, Japan

電子信箱：bot117@mail.bot.com.tw

兆豐銀行 (東京)

電話：81-3-3211-6688

傳真：81-3-3216-5686

地址：〒 100-0005 東京都千代田丸之內 2-2-1 岸本大樓 7 樓

電子信箱：tokyo@megabank.com.tw

兆豐銀行 (大阪)

電話：81-6-62O2-8575

傳真：81-6-62O2-3127

地址：〒 T541-0045 大阪府大阪市中央區道修町 3 丁目 4 番 11 號

電子信箱：無

第一銀行

電話：81-3-3279-0888

傳真：81-3-3279-0887

地址：〒 100-0004 日本東京都千代田區大手町 2-1-1 大手町野村大樓 23 樓

　　　100-0004 23F, Otemachi NOMURA Building 1-1, Otemachi

　　　2-chome Chiyoda-Ku, Tokyo, Japan

電子信箱：i951a@firstbank.com.tw

彰化銀行

電話：81-3-3212-8888

傳真：81-3-3212-8891

地址：東京都千代田區丸之內 1-8-3 丸之內 Trust Tower

電子信箱：chbtk@nyc.odn.ne.jp

中國信託商業銀行

電話：81-3-3288-9888

傳真：81-3-3556-8892

地址：〒 102-0094 東京都千代田區紀尾井町 1-3 東京 Garden Terrace 紀
尾井町 紀尾井 Tower 28 樓
Kioi Tower, 28F, Tokyo Garden Terrace Kioicho, 1-3 Kioicho,
Chiyoda-ku, Tokyo 102-0094

電子信箱：customerservice@ctbcbank.com

台新銀行

電話：+81-3-3212-6668

傳真：+81-3-3212-6660

地址：東京都千代田区丸之內 2-1-1 明治安田生命大樓 8 樓

電子信箱：無

玉山銀行

電話：+81-3-6213-1301

傳真：+81-3-3201-5755

地址：〒 100-6331 東京都千代田區丸之內二丁目 4 番 1 號 34 樓

電子信箱：無

可以進行貸款的日本的銀行

東京之星銀行

電話：+81-3-3224-3838

地址：〒 107-8480 東京都港區赤坂 2-3-5 赤坂星際廣場大樓

歐力士銀行

電話：+81-3-6722-3740

地址：〒 105-0014 東京都港區芝 3-22-8 歐力士乾大樓

好書推薦

金融交易聖經——圖形辨識
拉里・裴薩文托（Larry
Pesavento）&萊絲麗・喬弗拉
斯（Leslie Jouflas） 著／
羅耀宗 譯／定價400元

有40年經驗的華爾街投資名家，教
您從蝴蝶、AB=CD、三衝等各種圖
形，洞悉股市脈動，學習辨識趨勢
日，以機率思考、資金管理、風險
評估，掌握成功勝算！不僅適合技
術面分析的新手，也適合經驗豐富
的交易人。

**互聯網思維的致勝九大關鍵：
換掉你的腦袋，成為新時代商
場贏家**
趙大偉 編著／定價320元

網際網路時代必須培養的9大思維，
必須熟讀的22個法則，商場贏家的
成功方程式。本書以淺顯、口語化
的文字為讀者詳述互聯網思維的內
容及其精髓，無論是初接觸此領域
的新手或是想加強自身專業能力的
相關人士，都能有所收穫。

**愈花愈有錢，跟著有錢人學理
財！28歲結婚，30歲置產，
50歲退休的家庭理財計畫**
馮潔 著／定價300元

會賺錢很重要，會理財更重要，有
的人怎麼賺都不夠花。不論是進
修、旅遊、置產、退休、養老......只
要會理財，夢想成真並不難。你的
心中是否有理想的人生規劃？只要
透過正確的理財規劃，慎選理財工
具，就能一步步實現理想。

**工業4.0：結合物聯網與大數
據的第四次工業革命**
阿爾馮斯・波特霍夫和恩斯特・
安德雷亞斯・哈特曼（Alfons
Botthof & Ernst Andreas
Hartmann） 著／
劉欣 譯／定價380元

後工業時代顛覆全球製造業的思維，
結合物聯網、雲端、大數據與智慧
製造，形成人類的第四波工業革命，
開啟未來的工業模式與工作模式。
你準備好迎接它了嗎？德國率先提
出「工業 4.0」發展計畫之後，成為
世所矚目的焦點。

預見 起飛中的智能穿戴商業契機
陳根 著／定價300元

本書分為三單元，即現有的商業模
式、具體案例深入剖析以及未來可
能存在的商業模式。通過這三個單
元的系統闡述，為讀者建立一個前
瞻的商業價值觀。本書是目前唯
一一本解讀智能穿戴設備商業模式
的專業書籍。

**智慧穿戴大解構：引爆下一輪
商業浪潮**
陳根 著／定價320元

智慧穿戴是下一波產業革命浪潮的
核心，連結著3D列印、雲端運算、
移動互聯、大數據等技術，被稱為
物聯網的智慧終端機。本書把握經
濟熱點，清晰揭露智慧穿戴產業新
藍海。想要掌握最新商機，你不可
不看。

跟著律師到日本買房子

作　　者	黃昱毓	地　　址	106台北市安和路2段213號4樓
編　　輯	林宜靜、黃馨勻、鍾宜芳	電　　話	(02) 2377-4155
校　　對	林宜靜、鍾宜芳、黃馨勻	傳　　真	(02) 2377-4355
封面設計	劉錦堂	E-mail	service@sanyau.com.tw
美術設計	劉錦堂	郵政劃撥	05844889 三友圖書有限公司

發 行 人	程顯灝	總 經 銷	大和書報圖書股份有限公司
總 編 輯	呂增娣	地　　址	新北市新莊區五工五路2號
主　　編	徐詩淵	電　　話	(02) 8990-2588
編　　輯	林憶欣、黃馨勻	傳　　真	(02) 2299-7900
	林宜靜、鍾宜芳		
美術主編	劉錦堂	製　　版	興旺彩色印刷製版有限公司
美術編輯	曹文甄、黃珮瑜	印　　刷	鴻海科技印刷股份有限公司
行銷總監	呂增慧		
資深行銷	謝儀方、吳孟蓉	初　　版	2019年1月
		定　　價	新臺幣300元
發 行 部	侯莉莉	I S B N	978-957-8587-55-7（平裝）
財 務 部	許麗娟、陳美齡		
印　　務	許丁財		
出 版 者	四塊玉文創有限公司		
		◎版權所有・翻印必究	
總 代 理	三友圖書有限公司	書若有破損缺頁 請寄回本社更換	

http://www.ju-zi.com.tw
三友圖書
友直 友諒 友多聞

國家圖書館出版品預行編目(CIP)資料

跟著律師到日本買房子 / 黃昱毓著. -- 初版. --
臺北市：四塊玉文創, 2019.01
　面；　公分
ISBN 978-957-8587-55-7(平裝)

1.不動產業 2.投資 3.日本
554.89　　　　　　　　　　　107022694

地址： 縣/市　　　鄉/鎮/市/區　　　路/街

　　　段　　巷　　弄　　號　　樓

三友圖書有限公司 收

SANYAU PUBLISHING CO., LTD.

106　　台北市安和路2段213號4樓

三友圖書
讀書俱樂部

「填妥本回函，寄回本社」，即可免費獲得好好刊。

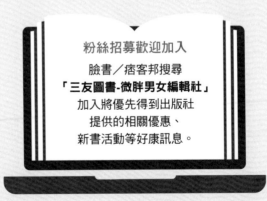

粉絲招募歡迎加入

臉書／痞客邦搜尋

「三友圖書-微胖男女編輯社」

加入將優先得到出版社
提供的相關優惠、
新書活動等好康訊息。

四塊玉文創╳橘子文化╳食為天文創╳旗林文化
http://www.ju-zi.com.tw
https://www.facebook.com/comehomelife

親愛的讀者：

感謝您購買《跟著律師到日本買房子》一書，為感謝您對本書的支持與愛護，只要填妥本回函，並寄回本社，即可成為三友圖書會員，將定期提供新書資訊及各種優惠給您。

姓名＿＿＿＿＿＿＿＿＿＿＿＿＿＿＿ 出生年月日＿＿＿＿＿＿＿＿＿＿＿

電話＿＿＿＿＿＿＿＿＿＿＿＿＿＿ E-mail＿＿＿＿＿＿＿＿＿＿＿＿＿＿

通訊地址＿＿＿＿＿＿＿＿＿＿＿＿＿＿＿＿＿＿＿＿＿＿＿＿＿＿＿＿＿＿＿

臉書帳號＿＿＿＿＿＿＿＿＿＿＿＿＿＿＿＿＿＿＿＿＿＿＿＿＿＿＿＿＿＿＿

部落格名稱＿＿＿＿＿＿＿＿＿＿＿＿＿＿＿＿＿＿＿＿＿＿＿＿＿＿＿＿＿＿

1 年齡
□18歲以下　　□19歲～25歲　　□26歲～35歲　　□36歲～45歲　　□46歲～55歲
□56歲～65歲　□66歲～75歲　　□76歲～85歲　　□86歲以上

2 職業
□軍公教 □工 □商 □自由業 □服務業 □農林漁牧業 □家管 □學生
□其他＿＿＿＿＿＿＿＿＿＿＿＿＿＿＿＿＿＿＿＿＿＿＿＿＿＿＿＿

3 您從何處購得本書？
□博客來　□金石堂網書　□讀冊　□誠品網書　□其他＿＿＿＿＿＿＿＿＿＿
□實體書店＿＿＿＿＿＿＿＿＿＿＿＿＿＿＿＿＿＿＿＿＿＿＿＿＿＿

4 您從何處得知本書？
□博客來　□金石堂網書　□讀冊　□誠品網書　□其他＿＿＿＿＿＿＿＿
□實體書店＿＿＿＿＿＿＿＿＿　□FB（微胖男女粉絲團-三友圖書）＿＿＿＿
□三友圖書電子報　□好好刊（季刊）　□朋友推薦　□廣播媒體

5 您購買本書的因素有哪些？（可複選）
□作者 □內容 □圖片 □版面編排 □其他＿＿＿＿＿＿＿＿＿＿＿＿

6 您覺得本書的封面設計如何？
□非常滿意 □滿意 □普通 □很差 □其他＿＿＿＿＿＿＿＿＿＿＿＿

7 非常感謝您購買此書，您還對哪些主題有興趣？（可複選）
□中西食譜 □點心烘焙 □飲品類 □旅遊 □養生保健 □瘦身美妝 □手作 □寵物
□商業理財 □心靈療癒 □小說 □其他＿＿＿＿＿＿＿＿＿＿＿＿

8 您每個月的購書預算為多少金額？
□1,000元以下　　□1,001～2,000元　□2,001～3,000元　□3,001～4,000元
□4,001～5,000元　□5,001元以上

9 若出版的書籍搭配贈品活動，您比較喜歡哪一類型的贈品？（可選2種）
□食品調味類　　□鍋具類 □家電用品類　　□書籍類 □生活用品類　　□DIY手作類
□交通票券類　　□展演活動票券類　□其他＿＿＿＿＿＿＿＿＿

10 您認為本書尚需改進之處？以及對我們的意見？
＿＿＿＿＿＿＿＿＿＿＿＿＿＿＿＿＿＿＿＿＿＿＿＿＿＿＿＿＿＿＿＿＿＿＿

感謝您的填寫，

您寶貴的建議是我們進步的動力！